LES PIEUX SANCTUAIRES

DE LA

SAINTE VIERGE

EN FRANCE

NOTRE-DAME DE LOURDES

LES
PIEUX SANCTUAIRES

DE

LA SAINTE VIERGE

EN FRANCE

Par L. PEYRIN

> « On ne publiera jamais assez
> les gloires de Marie... Dieu a tout
> voulu nous faire avoir par Marie. »
>
> (S. Bernard.)

TOURS
ALFRED CATTIER, ÉDITEUR

1893

PRÉFACE

Je dédie ces pages aux pieux fidèles qui ne peuvent se transporter réellement dans les temples consacrés à l'auguste Mère de Dieu. Ils pourront, par la lecture de ce modeste ouvrage, accomplir ces pèlerinages spirituels qui honoreront Marie et appelleront sur eux d'abondantes bénédictions.

En parcourant tous les sanctuaires où la sainte Vierge, d'âge en âge, a fait paraître sa puissance, ils y seront témoins de sa bonté, de sa tendresse pour les hommes, et aussi de l'amour et de la vénération des nombreux pèlerins qui viennent la visiter. A leur exemple, nos cœurs s'embraseront des divines ardeurs de la charité, et, unissant nos prières aux leurs, nous recevrons comme eux des grâces nouvelles.

Puisse cet humble travail être agréable à la Reine du Ciel et satisfaire la piété de ses dévots serviteurs! Tels sont, ô Marie! l'objet de tous mes vœux et mon plus doux espoir.

LES PIEUX SANCTUAIRES
DE LA SAINTE VIERGE

EN FRANCE

INTRODUCTION

ORIGINE DU CULTE DE LA SAINTE VIERGE
SES PREMIERS SANCTUAIRES

Le culte de la sainte Vierge Mère de Dieu prit naissance à son tombeau même. Une vieille tradition rapporte que les fidèles venaient prier autour du tombeau de la Mère du Christ et qu'ils subirent une persécution violente de la part des princes de la synagogue pour avoir élevé un oratoire sur cette tombe vénérée.

Vers le milieu du IVe siècle, Théodose le Grand fit construire sur le sépulcre de la sainte Vierge une église à colonnes de marbre, que les Arabes nommaient Grasmaniah (l'église du corps).

L'Asie, ce berceau des religions anciennes, a l'honneur d'avoir établi la première le culte gracieux de la Reine du Ciel. Après lui avoir rendu hommage dans sa grotte de Gethsémani, elle lui dédia des oratoires dans les lieux où s'étaient passés les événements les plus remarquables de sa

vie. Les roses de Saron et les lis de la Galilée décoraient
l'autel de la Reine des Anges; des lampes d'argent pleines
d'une huile de parfums précieux y brûlaient continuellement,
et lorsqu'elles furent éteintes par les profanateurs des lieux
de notre Rédemption, les fidèles y venaient verser des larmes
en secret. La douce image de la Vierge portant dans ses
bras le Sauveur du monde surgissait partout, surtout à
l'ombre des bois et au bord des ruisseaux. En Grèce, les
autels de Bacchus avec leurs festons de lierre furent renversés, et Notre-Dame des Raisins reçut les hommages des ven-
dangeurs. Les jeunes Grecques couvertes de leurs voiles
azur, aurore ou pourpres, avaient le soin d'orner les autels
de Marie et d'entretenir les lampes qui y brûlaient perpétuellement.

Les images de la Vierge qui décorèrent les églises de Syrie
et de l'Asie Mineure étaient peintes sur bois avec des couleurs brillantes. La première image de la Madone vénérée en
Italie était un portrait en mosaïque exécuté par des artistes
grecs. Les Napolitains tenaient à avoir des Vierges au noir
visage qui ne faisaient guère honneur à leurs artistes. Les
dames Romaines portaient des images de Marie gravées sur
des émeraudes, des saphirs ou des cornalines, et les léguaient
à leurs filles en mourant comme symbole de leur foi. La bienheureuse Galla, veuve du consul Symmachus, fit construire
une superbe église pour y déposer une de ces pierres précieuses; le travail en était si beau qu'on la vénéra comme
un don du Ciel, sous le nom de Notre-Dame du Porche.

Lorsque le fils de Constance Chlore eut arboré la croix
sur son casque et sur ses armoiries, des légions de chré-

tiens adoptèrent avec enthousiasme, sur tous les points de la péninsule, le culte de la sainte Vierge. Les empereurs, les princes et les riches patriciens mirent leur gloire à environner la Reine du Ciel de toutes les splendeurs de la terre. Les églises qu'on lui consacra furent bâties avec des pierres choisies et magnifiquement sculptées; l'intérieur était orné de colonnes de marbre, pavé de jaspe ou de porphyre; ses autels étaient d'or massif incrusté de pierres précieuses ; rien n'était épargné pour que ces temples répondissent par leur magnificence à la grandeur de la Mère de Dieu. D'un autre côté, de petites chapelles se cachaient dévotement à l'ombre des forêts, sous un dais de vert feuillage, enguirlandées de clématites et de jasmin, où brûlait une petite lampe mystérieuse qui était comme une étoile protectrice pour le pâtre de la vallée, pour le voyageur égaré, et, le dirai-je, même pour le bandit, qui en se décoiffant rallumait dévotement la flamme vacillante; Marie est la seule attache qui le lie à l'humanité jusqu'à sa mort.

L'image de la Vierge que l'étranger rencontre sur son chemin est comme la fleur parfumée du pays natal; elle lui procure mille sensations qui le réjouissent et le consolent.

Un auteur moderne, peu catholique cependant, raconte gracieusement les émotions qu'il éprouva à la vue d'un de ces oratoires champêtres, nids charmants cachés dans les montagnes du Tyrol. « Au détour de la montagne, dit-il, je trouvai une petite niche creusée dans le roc, avec sa madone et la lampe que la dévotion des montagnards entretient et rallume chaque soir dans les solitudes les plus reculées. Il y avait, au pied de l'autel rustique, un bouquet de fleurs cultivées et nouvellement cueillies. Cette lampe fumante, ces fleurs de la vallée, toutes fraîches encore, à plusieurs milles dans la montagne stérile et inhabitée, étaient des offrandes d'un culte plus naïf et plus touchant qu'aucune chose que j'ai vue en ce genre. A deux pas de la madone était un précipice qu'il fallait côtoyer pour sortir du défilé ; la lampe de la Vierge devait être fort utile aux voyageurs de nuit. »

Lors de l'invasion des barbares, les fidèles, pour soustraire les images de la sainte Vierge à la profanation de ces forcenés, les cachèrent dans les endroits les plus reculés et les moins accessibles. Longtemps après, les miracles accompagnèrent la découverte d'une partie de ces Madones ; c'est ainsi que Notre-Dame des Épines-Fleuries fut trouvée dans un buisson avec des circonstances vraiment merveilleuses ; voici comment un de nos célèbres écrivains raconte cette touchante et naïve histoire : « Non loin de la plus haute cime du Jura, mais en redescendant un peu sur son versant occidental, on remarquait encore, il y a près d'un demi-siècle, un amas de ruines qui avaient appartenu à l'église et au monastère de Notre-Dame des Épines-Fleuries. C'est à l'extrémité d'une gorge étroite et profonde, mais beaucoup plus abritée du côté du nord, et qui produit tous les ans, grâce à la faveur de cette exposition, les fleurs les plus rares de la contrée. A une demi-lieue de là, l'extrémité opposée laisse voir aussi les débris d'un antique manoir seigneurial, qui a disparu comme la maison de Dieu. On sait seulement qu'il était occupé par une famille très renommée dàns les armes, et que le dernier des nobles chevaliers dont il portait le nom mourut à la conquête du tombeau de Jésus-Christ, sans laisser d'héritier pour perpétuer sa race. La veuve inconsolable n'abandonna pas des lieux si propres à entretenir sa mélancolie, mais le bruit de sa piété se répandit au loin avec ses bienfaits, et une tradition glorieuse consacre à jamais sa mémoire au respect des générations chrétiennes. Le peuple qui a oublié tous ses autres titres l'appelle encore la sainte.

« Un de ces jours où l'hiver, près de finir, se relâche tout à coup de sa rigueur sous l'influence d'un ciel tempéré, la sainte se promenait, comme d'habitude, dans la longue avenue de son château, l'esprit occupé de pieuses méditations. Elle arriva ainsi jusqu'au buisson d'épines qui la termine encore, et elle ne fut pas peu surprise de voir qu'un de ces arbustes s'était déjà chargé de toute sa parure du printemps. Elle se hâta de s'en approcher pour s'assurer que cette apparence n'était pas produite par un reste de neige rebelle et, ravie de le voir couronné en effet d'une multitude innombrable de belles petites étoiles blanches à rayon incarnat, elle en détacha soigneusement un rameau pour le suspendre dans son oratoire, à une image de la sainte Vierge, qu'elle avait depuis son enfance en grande vénération, et s'en revint joyeuse de lui porter cette offrande innocente. Soit que ce faible tribut fût réellement agréable à la divine Mère de Jésus, soit qu'un plaisir particulier qu'on ne saurait définir soit réservé à la moindre effusion d'un cœur tendre vers l'objet qu'il aime, jamais l'âme de la châtelaine ne s'était ouverte à des émotions plus ineffables que dans cette douce soirée. Aussi se promit-elle, avec une joie ingénue, de retourner tous les jours au buisson fleuri et d'en apporter, chaque fois, une guirlande nouvelle. On peut croire qu'elle fut fidèle à cet engagement.

« Un jour, cependant, que le soin des pauvres et des malades l'avait retenue plus longtemps que d'ordinaire, elle eut beau se presser de gagner son parterre sauvage, la nuit y arriva avant elle, et on dit qu'elle commençait à regretter de s'être engagée si avant dans ces solitudes quand une clarté calme et pure, comme celle qui descend du jour naissant, lui montra soudainement toutes les épines en fleurs. Elle suspendit un instant ses pas, à la pensée que cette lumière pouvait provenir d'une halte de brigands, car il était impossible d'imaginer qu'elle fût produite par des myriades de vers luisants éclos avant leur saison. L'année était encore trop éloignée alors des nuits tièdes et pacifiques de l'été. Toutefois, l'obligation qu'elle s'était imposée venant à se présenter à son esprit et ranimer un peu son courage, elle marcha légèrement, en retenant son haleine, vers le buisson aux blanches fleurs, saisit d'une main tremblante une branche qui sembla tomber d'elle-même entre ses doigts, tant elle fit peu de résistance, et reprit le chemin du manoir sans regarder derrière elle.

« Durant toute la nuit suivante, la sainte dame réfléchit à ce phénomène sans pouvoir l'expliquer et, comme elle avait à cœur d'en pénétrer le mystère, dès le lendemain, à la même heure du soir, elle se rendit aux buissons en compagnie d'un serviteur fidèle et de son vieux chapelain. La douce lumière y régnait ainsi que la veille et semblait devenir, à mesure

qu'ils approchaient, plus vive et plus rayonnante. Ils s'arrê-
tèrent alors et se mirent à genoux, parce qu'il leur sembla
que cette lumière venait du Ciel ; après quoi le bon prêtre,
seul, fit quelques pas respectueux vers les épines fleuries en
chantant une hymne de l'Église, et les détourna sans efforts,
car elles s'ouvrirent comme un voile. Le spectacle qui s'offrit
en ce moment à leurs regards les frappa d'une telle admiration qu'ils restèrent longtemps immobiles, tout pénétrés de
reconnaissance et de joie. C'était une image de la sainte
Vierge, taillée avec simplicité dans un bois grossier, animée
des couleurs de la vie par un pinceau peu savant et revêtue
d'habits qui ne révélaient qu'un luxe naïf ; mais c'était d'elle
qu'émanait la splendeur miraculeuse dont ces lieux étaient
éclairés. « Je vous salue, Marie, pleine de grâce, » dit enfin
le chapelain prosterné ; et, au murmure harmonieux qui
s'éleva dans tous les bois quand il eut prononcé ces paroles,
on aurait pu croire qu'elles étaient répétées par le chœur des
Anges. Il récita ensuite, avec solennité, ces admirables litanies où la foi a parlé, sans le savoir, le langage de la poésie
la plus élevée, et, après de nouveaux actes de dévotion, il
souleva la statue entre ses mains, afin de la transporter au
château où elle trouverait un sanctuaire plus digne d'elle,
pendant que la dame et son valet, les mains jointes et le front
incliné, le suivaient lentement, en s'unissant à ses prières.

« Je n'ai pas besoin de dire que l'image merveilleuse fut
placée dans une niche élégante, qu'elle fut entourée de
flambeaux, baignée de parfums, chargée d'une riche couronne et saluée, jusqu'au milieu de la nuit, du cantique des
fidèles. Cependant, le matin, on ne la retrouva plus, et

l'alarme fut vive parmi tous les chrétiens que sa conquête avait comblés d'un bonheur si pur. Quel péché inconnu pouvait avoir attiré cette disgrâce au manoir de la sainte? Pourquoi la Vierge céleste l'avait-elle quitté? Quel nouveau séjour avait-elle choisi? On le devine sans doute. La bienheureuse Mère de Jésus avait préféré l'ombre modeste de ses buissons favoris à l'éclat d'une demeure mondaine. Elle était retournée, au milieu de la fraîcheur des bois, goûter la paix de sa solitude et les douces exhalaisons de ses fleurs. Tous les habitants du château s'y rendirent dans la soirée et l'y trouvèrent plus resplendissante que la veille. Ils tombèrent à genoux dans un respectueux silence.

« Puissante reine des anges, dit la châtelaine, c'est ici la « demeure que vous préférez. Votre volonté sera faite. »

« Et peu de temps après, en effet, un temple embelli de tous les ornements que prodiguait l'architecte inspiré en ces siècles d'imagination et de sentiment s'éleva autour de l'image révérée. Lés grands de la terre la voulurent enrichir de leurs dons; les rois la dotèrent d'un tabernacle d'or pur. La renommée de ses miracles se répandit au loin dans tout le monde chrétien et appela dans la vallée une multitude de femmes pieuses qui s'y rangèrent sous la règle d'un monastère. La sainte veuve, plus touchée que jamais des lumières de la grâce, ne put refuser le titre de supérieure de cette maison. Elle y mourut pleine de jours, après une vie de bonnes œuvres, d'exemples et de sacrifices, qui s'exhala comme un parfum au pied des autels de la Vierge. Telle est, suivant les chroniques manuscrites de la province, l'origine de l'église et du couvent de Notre-Dame des Épines-Fleuries. »

La Bretagne, si connue par sa dévotion ardente à la Sainte-Vierge, abondait jadis en sanctuaires et en monuments formés par la nature elle-même. Le plus ancien et le plus renommé était un chêne gigantesque, qui étalait ses rameaux au bord de l'Océan, tout près de Lesneven. La statue de la Vierge était d'argent massif et portait le nom de Notre-Dame des Portes. De temps immémorial elle était l'objet d'une profonde vénération ; une foule de pèlerins venaient en chantant des hymnes de louanges implorer le secours de la sainte Mère de Dieu.

Le chêne d'Allouville en Normandie, qu'aucun ne peut disputer en beauté, date au moins de neuf cents ans ; il a trente-quatre pieds de circonférence à sa base ; sa cime, semblable au cèdre, est large et évasée ; de vastes rameaux, sortis du tronc à huit pieds au-dessus du sol, s'étalent horizontalement et couvrent un grand espace de terrain. Il est creux dans toute sa longueur, ce qui ne l'empêche pas de se couvrir chaque année d'un épais feuillage et de se parer de glands. L'intérieur de ce chêne renferme une gracieuse petite chapelle avec un autel de marbre que la statue de Marie décore ; une grille ferme l'entrée de ce sanctuaire, sans en dérober la vue ; un escalier en spirale tournant autour du tronc conduit à une cellule qui se trouve au-dessus de la chapelle, dont le toit pointu forme un clocher dominé par une croix en fer, qui, ressortant au-dessus des branches, est d'un aspect pittoresque.

Ce sanctuaire est dédié à Notre-Dame de la Paix. Aux grandes fêtes on y célèbre les offices religieux, et les populations s'y rendent en foule.

Au fort de la Révolution, une troupe de ces furieux marcha vers Allouville, dans l'intention de brûler le chêne avec la Vierge vénérée; mais les Normands, qui aimaient leur Madone, se réunirent en armes, sous le vieux chêne, et repoussèrent si vivement les révolutionnaires que ceux-ci n'osèrent plus renouveler leur odieuse tentative. Des chants d'action de grâces retentirent longtemps sous le chêne séculaire aux pieds de Notre-Dame de la Paix qui semble couvrir ces bonnes gens de son frais manteau de verdure.

Les chevaliers normands invoquaient la sainte Vierge sous le nom de Notre-Dame; au jour de la victoire ils envoyaient des dons magnifiques pour les églises dédiées à la Mère de Dieu. Les Guichard de Hauteville, du fond de l'Italie où ils combattaient, envoyèrent une somme énorme pour bâtir, sous l'invocation de la sainte Vierge, cette belle cathédrale de Coutances qui fit l'admiration des plus grands génies et de Vauban lui-même.

Au xi⁰ siècle, saint Étienne, roi de Hongrie, fonda Notre-Dame d'Albe-Royale; il proclama la sainte Vierge souveraine de son royaume et mit sa couronne à ses pieds. Chaque fois que le nom de Marie était prononcé dans ses vastes États, il n'y avait pas de Hongrois, si noble que fût sa race, si haute que fût sa dignité, qui ne mît un genou en terre et qui ne s'inclinât en signe de profond respect, comme un serviteur devant sa reine.

Les princes palatins emportaient avec eux dans les combats l'image de la Mère du Christ et lui élevaient un oratoire sous leurs tentes; après la victoire, ils déposaient à ses pieds l'épée avec laquelle ils avaient combattu en signe d'action de grâces.

En 460, Léon Ier fit bâtir une splendide basilique qu'il dédia à Notre-Dame de la Fontaine, en reconnaissance de ce que la sainte Vierge lui était apparue au bord d'une source isolée et de difficile accès, où il conduisait un pauvre vieillard aveugle, alors qu'il n'était que simple soldat thrace; la Vierge lui avait promis l'empire. La couronne d'or n'eut pas plus tôt ceint le front du fortuné soldat qu'il fit bâtir une superbe église à sa céleste protectrice.

Pulchérie, fille de Théodore II, fit construire dans l'enceinte de Constantinople une splendide basilique sous le vocable de Notre-Dame des Guides; un autel resplendissant d'or, de pierreries et embelli de colonnes de jaspe, était orné du portrait de Marie, envoyé d'Antioche et peint par saint Luc, du vivant même de la Mère du Christ. Un des fuseaux de la sainte Vierge et quelques-uns des langes du saint Enfant Jésus étaient conservés dans cette église. Cette image miraculeuse fut considérée comme le palladium de l'empire; les empereurs l'emportaient à l'armée, d'où elle était ramenée en triomphe sur un char magnifiquement décoré et attelé de superbes chevaux blancs; le peuple la saluait par des cris de joie et chantait ses louanges. En 1204, après la prise de Constantinople par les Latins, le doge Henri Dandolo fit transporter l'image sainte à Venise, où elle est conservée dans l'église de Saint-Marc.

Après le second concile de Nicée, où le culte des images fut solennellement rétabli, les Grecs, en réparation des outrages faits à la sainte Mère de Dieu, firent bâtir un temple dédié à Notre-Dame de la Victoire; rien ne fut épargné pour le rendre digne de la Reine du Ciel.

La Vierge y était représentée avec la robe de pourpre, les bandeaux de perles fines et le diadème des impératrices. Des couronnes d'or et des pierreries s'amoncelaient à ses pieds. « Romains, disait Narsès au moment de livrer aux Goths la bataille de Taginas, Romains, battez-vous vaillamment, la Vierge est pour nous ; ne manquez pas de l'invoquer pendant la mêlée, car elle regarde nos phalanges et nous livrera ces impies qui lui refusent le titre de Mère de Dieu. » Encouragés par ces paroles, les Grecs déployèrent une énergie inaccoutumée : Totila fut tué ; son armée prit la fuite laissant le champ de bataille couvert de morts ; mille actions de grâces furent rendues à Notre-Dame de la Victoire.

Le culte de la sainte Vierge, affaibli pendant quelque temps par l'arianisme, reparut dans tout son éclat sous les drapeaux victorieux des Francs. Clovis fit bâtir une église métropolitaine sous l'invocation de Notre-Dame, dont il posa la première pierre. Elle était ornementée de colonnes de marbre, de fresques à fond d'or et d'un superbe pavé en mosaïque. Les vitraux importés de Grèce et d'Italie étaient d'un luxe remarquable et répandaient dans l'intérieur une grande clarté.

Sainte Bathilde fonda Notre-Dame de Chelles, où, fatiguée des grandeurs de la cour, elle se retira dans la solitude et la paix. De grandes grâces étaient attachées à ce sanctuaire. Cependant, sous la première race de nos rois, bien des dévotions locales étaient l'objet d'un culte exclusif ; les pèlerinages de saint Martin de Tours, saint Denis, saint Germain, saint Hilaire enthousiasmaient tellement le peuple que les sanctuaires de la Vierge s'effaçaient devant ceux des premiers évêques gaulois. Leurs tombeaux étaient recouverts de lames d'or, d'argent ; des vêtements tissés d'or, brodés de perles et ornés de pierreries, se suspendaient aux voûtes de leurs églises, en *ex-voto* ; le tombeau de saint Martin surtout, ainsi que sa superbe basilique, renfermaient d'immenses richesses. La sainteté du grand évêque et les miracles qu'il opérait attiraient des peuples de toutes les parties du monde.

Les rois de la seconde race ranimèrent par leurs exemples la dévotion à la sainte Vierge. Ils déposaient aux pieds de Notre-Dame de Paris leurs toques ornées de pierres précieuses, et les princesses leurs couronnes de diamants, d'émeraudes et de rubis. Jeanne d'Évreux, troisième femme de Philippe le Bel, offrit à Notre-Dame des Carmes sa splendide couronne, ainsi que sa riche ceinture brodée de perles, et le bouquet de lis d'or semé de pierres précieuses qu'elle avait reçu du roi le jour de son couronnement ; une bourse ornée de pierreries renfermant quinze cents florins accompagnait ce présent royal.

Le culte de la sainte Vierge se maintint florissant jusqu'au moment où les sectaires de xvi siècle se déchaînèrent avec fureur contre les images de la Mère du Christ et des saints. A Tours, à Blois, à Poitiers, à Bourges, à Rouen, ils pillèrent complètement les églises. Les statues de Marie, devant lesquelles tant de générations successives avaient prié et obtenu des miracles éclatants, furent mutilées à coups de sabre, lacérées ou traînées dans la fange, la corde au cou ; non contents de profaner, de briser les statues et de brûler les reliques, ces odieux sectaires détruisirent en quelques heures les ouvrages admirables de plusieurs siècles.

A Coutances, ce fut par un miracle que l'église dont la sainte Vierge est patronne ne fut pas rasée de fond en comble par les Huguenots qui mirent le feu aux quatre coins de la ville.

Ce ne fut pas sans troubles que le culte de Marie fut aboli en Angleterre, où le peuple portait à la Mère de Dieu une vénération qui était très ancienne. Toutes les fêtes de la sainte Vierge y étaient chômées et s'y célébraient avec magnificence. Le jour de l'Assomption, qui était la plus grande fête du royaume, les rois tenaient cour plénière.

Les pèlerinages de Notre-Dame de Radecliff, de Notre-Dame de Worcester, de Notre-Dame de Walsingham étaient très célèbres en Angleterre. En Écosse, le pèlerinage de Notre-Dame de Melrose était le plus fréquenté des quatre principaux du royaume. L'Anglais et l'Écossais s'agenouillaient pacifiquement aux pieds de la Vierge de Melrose et se relevaient pleins de confiance en sa miséricordieuse intercession.

Henri VIII fit brûler le confesseur de Catherine d'Aragon avec des éclats de bois arrachés aux statues de Notre-Dame.

Sous le règne d'Édouard VI, le fratricide Somerset fit démolir les plus belles églises de Londres pour bâtir son palais vénitien de Somerset et fit enlever de leurs antiques et vénérés sanctuaires les images de la Vierge. On dirait que la Reine du Ciel proteste encore contre l'arrêt impie et sacrilège qui l'a bannie de ce sol ingrat ; si ses autels n'existent plus, son image se voit encore sur les vitraux et sur les frises sculptées de nos belles cathédrales dont les protestants se sont emparés.

En Allemagne, où le culte de Marie a été également extirpé par le protestantisme, on voit encore de nombreuses traces de son existence. Des ruines majestueuses attestent de la splendeur de ces antiques sanctuaires de la Vierge et donnent aux sites pittoresques de l'Allemagne un air de grandeur et de mélancolie.

Le culte de la sainte Vierge regagnait dans le nouveau continent ce qu'il avait perdu dans l'ancien. Des missionnaires français et espagnols apprenaient aux pauvres sauvages qu'ils ont une Mère qui du haut du Ciel les aime et les protège. Les Indous, les Chinois, les Siamois, les Japonais, les peuples du Tonkin et de la Cochinchine ont aussi leurs madones, que ces nouveaux chrétiens ornent de fleurs, de branches de palmier, de mousseline brodée d'or, et qu'ils illuminent de globes de feu. Ce triomphe obtenu dans le nouveau monde vint consoler Marie des outrages du protestantisme.

Au bord du fleuve des Amazones et de la rivière aux Hurons, se trouvaient une Notre-Dame de Lorette et une Notre-Dame des Douleurs dont la couronne d'or était soutenue par deux anges. Ces deux pèlerinages étaient très fréquentés.

En France, en Italie et en Espagne, la dévotion à la sainte Vierge est encore aussi fervente que jamais. En France surtout, cette fille aînée et privilégiée de la Reine du Ciel, malgré ses folies et ses orages, se rapproche de plus en plus de sa céleste Protectrice. Chaque année une foule innombrable de pèlerins vont rendre à Marie leurs hommages et réclamer sa puissante intercession.

Les pèlerinages de France nous apparaissent tout entourés de merveilles ; nous en parlerons suivant les historiens les plus érudits et les plus dévots à la Mère de Dieu.

I

NOTRE-DAME DE BUGLOSE

(LANDES)

Au milieu des Landes, près de Dax, dans la commune même où saint Vincent de Paul est né et qui porte aujourd'hui son nom, existait un modeste oratoire, où les fidèles vénéraient une image de Marie, connue simplement sous le nom de Notre-Dame de la Lande. En tout temps ce lieu a été le rendez-vous de pieux pèlerins; des guérisons nombreuses ont été consignées dans des procès-verbaux authentiques.

A la fatale époque des guerres de religion, en 1569, les calvinistes, par ordre de la reine de Navarre, Jeanne d'Albret, saccagèrent, renversèrent et incendièrent les églises, spécialement les chapelles de la Vierge, dans tout le Béarn et pays adjacents. La chapelle de Notre-Dame de la Lande, déjà célèbre par ses miracles et l'affluence des pèlerins, ne put échapper à l'attention de ces forcenés; elle fut détruite et incendiée en 1570. De zélés catholiques, à l'approche des iconoclastes, cachèrent l'image de Notre-Dame dans un marais voisin. La mort étant venue les surprendre avant la fin de la persécution, le secret de leur bonne action fut enseveli avec eux dans la tombe. Pendant cinquante ans, les pèlerins ne purent que s'agenouiller sur les ruines du sanctuaire ;

les parents y conduisaient leurs enfants et leur racontaient
pieusement les merveilles dont ils avaient été témoins.

De ce nombre était une respectable famille habitant le village de Pouy, situé près de là. Le père s'appelait Jean de
Paul, et la mère Bertrande de Moras. C'étaient d'honnêtes et
pieux cultivateurs, ayant une nombreuse famille. Vincent, le
dernier de leurs enfants, était né en 1576, six ans après la
destruction du sanctuaire de Notre-Dame. Bien jeune encore,
sa tendre mère le menait fréquemment prier sur ces ruines
si chères à son cœur et lui racontait les bienfaits de l'auguste Mère de Dieu, à laquelle il avait été consacré dès sa
naissance ; c'est ainsi qu'elle formait à la piété celui qui
devait être un des hommes les plus illustres dont l'Église èt
la France s'honorent. A l'âge de douze ans, Vincent fut
chargé de garder les troupeaux de son père ; il s'était fait,
non loin des ruines qu'il aimait, un petit oratoire dans le
creux d'un vieux chêne et, au milieu de cette niche rustique,
il avait placé une statuette de la Vierge qu'il ornait de son
mieux ; c'est là qu'il se laissait aller à toute l'effusion de
cette ardente charité qui devait le caractériser un jour et en
faire un héros. Ne voulant pas nous écarter de notre sujet,
nous renonçons avec peine à reproduire ici quelques traits
de la vie de ce grand saint, dont les œuvres sublimes et
immortelles le placent au rang des plus glorieux bienfaiteurs
de l'humanité.

Il y avait donc cinquante ans que la Vierge des Landes
était ensevelie au fond d'un marais, tout espoir d'en retrouver la trace s'était évanoui. Or il arriva qu'en 1620 un
berger de la paroisse de Pouy, qui menait d'ordinaire paître

son troupeau près de ce marais, remarqua plusieurs fois qu'un de ses bœufs s'entêtait à y entrer et qu'arrivé à un certain endroit il faisait retentir l'air de ses mugissements. Curieux d'en connaître la cause et ne pouvant approcher de ce lieu qui était rempli de ronces et de joncs, le berger monte sur un chêne d'où il aperçoit le bœuf qui, suspendant de temps à autre ses mugissements, léchait une statue dont les pieds étaient enfoncés dans le marais. Il court en donner connaissance à son maître, qui en avertit M. Dussin, curé de Pouy ; ce dernier se rendit à l'endroit désigné avec un grand nombre de ses paroissiens. Après avoir débarrassé de ses obstacles l'abord du marais, on arrive jusqu'à la statue qu'on retire de la fange, au grand étonnement des témoins, qui constatent que c'est une image de la Vierge. On la lave avec soin, on la pose avec respect sur un piédestal formé de pierres rapprochées à la hâte au bord de l'eau, et chacun présente à Marie ses sincères hommages. Les habitants de la contrée, informés de cet événement, viennent en foule se prosterner aux pieds de la statue miraculeuse, où plusieurs malades se relèvent guéris. Mgr Jean-Jacques Dussault, évêque de Dax, vint sur les lieux prendre connaissance des faits et ordonne la translation de la statue à l'église paroissiale de Pouy. On la place sur un char entouré de fleurs et de guirlandes traîné par deux bœufs, et le peuple, qui s'est réuni en foule, suit le cortège en chantant des hymnes et des cantiques à la Vierge. Mais un nouveau prodige vient frapper les esprits et émouvoir tous les cœurs. Les bœufs s'arrêtent près des ruines de l'ancien sanctuaire, et c'est en vain que l'on essaye de les faire avancer ; chacun reconnaît que la sainte Vierge veut être honorée là même où elle l'était jadis. On déposa donc la statue miraculeuse sur ces saintes ruines. Mgr l'Évêque, de l'avis de son chapitre, donna en conséquence la permission d'élever une chapelle sur cet emplacement, et lui-même pourvut généreusement aux premiers frais. Ce pieux élan du vénérable prélat trouva de nombreux imitateurs.

Les constructions entreprises furent poussées avec tant d'activité que bientôt la nouvelle chapelle fut rééditiée à la place de l'ancienne, en 1622.

« Elle est placée, dit un ancien historien, dans une espèce de solitude charmante, accompagnée d'un petit bois, où le silence n'est interrompu que par le concours des processions et des pèlerins. A l'approche de ce saint lieu, on est saisi d'un sentiment de dévotion si tendre qu'on ne peut s'empêcher de s'écrier : C'est ici la maison de Dieu et la porte du ciel !

« La chapelle est grande, belle, bien éclairée, ornée de diverses peintures. Sur le grand autel, on voit l'image miraculeuse de Notre-Dame de Buglose, objet de la vénération des fidèles. C'est une statue d'une pierre très fine, travaillée de main de maître et dont rien n'égale l'exquise beauté. Elle est haute de trois pieds trois pouces et assise dans un fauteuil. Elle tient l'Enfant Jésus entre ses bras ; il semble qu'elle le montre et le présente à tous ceux qui vont lui rendre leurs vœux dans ce saint lieu. Aux environs de l'église, il y a plusieurs maisons pour loger les pèlerins et, à trois cents pas environ, la petite chapelle de la Fontaine. Les pèlerins ont coutume de s'y rendre avant de quitter

Buglose, et plusieurs, en buvant de cette eau ou en s'y lavant, ont recouvré miraculeusement la santé.

« Tel est le saint lieu de Buglose. C'est dans cette délicieuse solitude, où, suivant l'expression d'un prophète, Dieu parle souvent au cœur, qu'il opère un grand nombre de merveilles et que la glorieuse Vierge Marie, qui y est spécialement honorée, reçoit avec bonté les vœux et les prières des fidèles. »

Une remarque digne d'intérêt, c'est que dans ce sanctuaire reconstruit le bas-côté de droite avait été réservé pour une chapelle de Saint-Vincent-de-Paul. Cette réserve fut faite de son vivant par un acte public du chapitre de Dax, tant on était persuadé à l'avance que l'Église le placerait un jour sur ses autels.

En 1623, Vincent de Paul, étant venu à Bordeaux pour répandre les bienfaits de sa charité sur les malheureux galériens, eut le désir de revoir son pays natal. Après avoir prié dans l'église de Pouy et s'être agenouillé devant l'autel où il avait été fait enfant de l'Église, Vincent se rendit nu-pieds, accompagné de ses frères, de ses sœurs et d'autres parents, au sanctuaire de Buglose et il y célébra la sainte messe sur un autel que les pèlerins vénèrent encore aujourd'hui.

La chapelle de Buglose a été miraculeusement épargnée par les révolutionnaires ; plusieurs de ces odieux profanateurs tentèrent de la saccager et y pénétrèrent armés de leurs instruments dévastateurs ; mais à peine avaient-ils porté le premier coup qu'un bruit terrible, pareil au tonnerre, sortit du fond de cet antique sanctuaire ; saisis d'épouvante, ils s'enfuirent précipitamment et n'osèrent plus renouveler

leur tentative sacrilège. Cependant, pour soustraire à tout
nouveau danger l'image miraculeuse, on la transporta dans
la chapelle de la Fontaine. Le calme ayant succédé à la tempête, la Vierge reprit sa place dans l'église de Buglose, où
elle est entourée des plus tendres hommages et où elle se
plaît à répandre de continuelles faveurs.

« Les maladies du corps, dit un écrivain des merveilles de
ce sanctuaire vénéré, ne sont pas les seules qui viennent
encore chercher à Buglose leur guérison. Ce sont les moindres,
pour qui veut y réfléchir ; il y a là une autre source mystérieuse dont la fontaine des miracles n'est que l'image, une
source dérivée du Calvaire et qui guérit les maladies de
l'âme, ou, pour parler sans figure, qui fait rentrer les pauvres
pécheurs en grâce avec Dieu et leur rend, par une conversion sincère, la paix qu'ils ont depuis longtemps perdue...
C'est là un prodige plus surprenant que celui d'un aveugle
recouvrant la vue, ou d'un boiteux recouvrant l'usage de ses
jambes ; et, cependant, ce prodige, Buglose l'a vu ou le voit
s'accomplir si souvent que, si les incrédules voulaient le
nier, cent voix de pécheurs convertis et heureux de leur
conversion pourraient s'élever contre eux et leur dire : C'est
vous qui mentez. »

Différentes stations restées chères à la piété composent
le pèlerinage de Buglose. Citons d'abord l'ancien sanctuaire,
rebâti sur un plan plus vaste que celui élevé, de 1620 à 1622,
sur l'emplacement des ruines du sanctuaire primitif. Au nord
de l'église et à quelques centaines de pas, c'est la piscine
dont l'eau se renouvelle sans cesse et qui correspond à
l'endroit du marais où la statue avait été cachée.

Tout près de là, se trouve la fontaine dite *des miracles*, abritée par un kiosque. A quelques pas encore, s'élève un petit oratoire, nommé la *chapelle de la Fontaine*, premier asile de la statue après sa découverte dans le marécage et qui lui servit aussi d'asile pendant la Révolution.

Les pèlerins, qui viennent souvent de bien loin pour implorer l'assistance de Notre-Dame de Buglose, ne manquent pas d'aller aussi visiter l'ancien village de Pouy, qui porte aujourd'hui le nom de l'homme illustre et du grand saint dont il fut le berceau. Une chapelle a été bâtie par les habitants à l'endroit où leur glorieux compatriote a reçu le jour. La maison paternelle de saint Vincent de Paul est conservée absolument dans le même état où elle était du vivant de ce grand saint, et on y montre encore la chambre où il est né. Tout à côté, est un hospice d'incurables, desservi par les Filles de la Charité, qui retracent si fidèlement les vertus de leur saint fondateur.

Le vieux chêne à l'ombre duquel Vincent s'asseyait en gardant ses troupeaux, et qui lui servait aussi d'oratoire, produit encore malgré son grand âge un épais feuillage et se couvre de glands que les fidèles recueillent comme des reliques. Tels sont les fruits toujours nouveaux de l'immortelle charité dont ce vieux chêne semble être l'emblème.

De nombreux pèlerinages se succèdent d'année en année, et le culte de Notre-Dame de Buglose ne fait que grandir.

Une liste infinie de miracles aussi authentiques qu'éclatants, ainsi que de nombreux *ex-voto*, certifient la vérité des prodiges qui se sont opérés et dont beaucoup sont récents.

II

NOTRE-DAME DE BOULOGNE-SUR-MER

(PAS-DE-CALAIS)

Ce pèlerinage remonte à la plus haute antiquité ; une foule de faits et d'écrits l'attestent d'une manière indubitable. L'an 633, sous le règne de Dagobert, dit une vieille tradition, un jour que le peuple était pieusement assemblé, la Vierge Marie apparut à tous, enveloppée d'un rayon de la gloire divine, et leur annonça qu'un navire entrait en ce moment dans le port et apportait à leur ville un gage de la protection du Ciel. La Mère de Dieu ajouta que ce gage précieux devrait être placé au lieu même où elle s'était montrée à eux. « C'est là, dit-elle, que vous m'invoquerez, je prêterai l'oreille à vos prières, je serai votre patronne, votre avocate et votre refuge au milieu des plus grandes afflictions. »

La foule, toute saisie, se prosterna contre terre pour remercier la Vierge d'un si grand prodige ; puis, pour exécuter l'ordre divin, elle se précipita vers le port. La mer était calme, et sa surface unie brillait comme un miroir aux rayons du soleil, et, malgré ce grand calme, un navire tout resplendissant d'une lumière céleste s'avançait majestueusement vers la plage, sans matelots et sans rames. Des cris de joie et d'admiration acclamèrent le vaisseau mystérieux, et tous fléchirent le genou à son approche. Il contenait une gracieuse statue de la Vierge : elle était de bois en relief, d'une excellente sculpture, d'environ trois pieds et demi de haut, et tenant Jésus Enfant sur son bras gauche. Les prêtres la transportèrent processionnellement, au chant des saints cantiques, dans le sanctuaire qu'elle-même s'était choisi et, dans un élan d'amour et de reconnaissance, la cité tout entière se consacra à l'auguste Vierge.

Le bruit d'un prodige si éclatant s'étant répandu au loin, on accourut de toutes parts pour admirer la statue miraculeuse ; la ville de Boulogne ne présenta jamais pareille animation ; c'est à flots pressés qu'on se rend à l'endroit où Marie est apparue et où repose son image sainte. Elle devint bientôt l'objet d'un culte spécial ; fidèle à sa promesse, la Reine du Ciel entendit favorablement les prières et les vœux qui lui furent adressés.

Le pèlerinage de Boulogne acquit une célébrité européenne, qui, à la suite des croisades, passa en Orient. Dès l'an 1033, le bruit des miracles de Notre-Dame attirait un si grand nombre de pèlerins qu'on fut obligé pour les recevoir de bâtir des hôpitaux. L'un d'eux, fondé par Oylard, seigneur de Wimille, en 1130, à Inglevert, s'appelait le *Palais de la Charité*, tant on y prodiguait de soins aux étrangers.

En 1478, Louis XI fit hommage du comté de Boulogne à la Vierge, s'en déclara le vassal, lui délivra, d'Hesdin, des lettres patentes qu'il fit enregistrer au Parlement. Il institua pour lui et ses successeurs l'hommage d'un cœur d'or massif, du poids de deux mille écus, et ordonna que tous les rois de France fissent le même présent à leur avènement à la couronne. Charles VIII, Louis XII et François Ier acquittèrent comme lui l'hommage du cœur d'or. Quelques années avant le siège de Boulogne par les Anglais, tout ce que renfermait la trésorerie en reliquaires, cœurs d'or et d'argent, rubis et saphirs donnés en *ex-voto*, occupait treize armoires. Dans la chapelle, sept lampes, dont quatre d'argent et trois d'or, brûlaient sans cesse devant la sainte Image. Toutes ces richesses et d'autres, qu'il serait trop long d'énumérer, furent pillées par les Anglais en 1554.

En 1567, l'église de Notre-Dame fut de nouveau pillée et entièrement saccagée par les Huguenots ; rien ne fut respecté, les tombeaux même furent violés, et le feu mis à ce qui restait des bâtiments. La statue de la Vierge, d'abord précipitée du haut des remparts, puis cachée dans du fumier, fut enfin jetée dans le puits du château d'Honvault, où les forcenés croyaient qu'elle demeurerait ensevelie.

Ce puits appartenait à un seigneur protestant dont la femme était catholique. Ayant su ce qui s'était passé, elle chargea secrètement deux de ses serviteurs de retirer la statue de la Vierge et de la lui amener au château. Ses ordres ayant été aussitôt exécutés, la statue miraculeuse fut placée dans un petit oratoire qui occupait la partie la plus reculée des appartements de la noble châtelaine. Cette pieuse dame passait aux pieds de la Vierge le plus de temps possible, en prenant les précautions nécessaires pour ne pas éveiller les soupçons, et chaque fois elle demandait avec ferveur la conversion de son époux. De si ardentes prières devaient être exaucées, et Marie, cette mère de miséricorde, toucha le cœur endurci du Huguenot, qui ouvrit enfin les yeux à la lumière et devint le dévoué serviteur de la Vierge qu'il avait persécutée. La ville entière ne cessait de regretter son ancienne statue qui était restée cachée pendant quarante ans. Un pieux ermite, Vespasien Dufont, voyant la paix rétablie, fit comprendre aux dépositaires de ce précieux trésor que le moment était venu de la rendre au culte public. On s'empressa de restaurer son sanctuaire et, après avoir reconnu son identité, on la porta en triomphe dans l'église de Notre-Dame, au milieu des acclamations de la cité qui retrouvait enfin sa bien-aimée Patronne.

Louis XIII, qui régnait alors, ayant appris l'heureuse nouvelle, vint en grande pompe rendre ses hommages à Marie et fit de riches présents à son église. Il ordonna qu'un cœur d'or fût offert de sa part à Notre-Dame. Cet ordre tomba dans l'oubli ; mais Louis XIV, s'étant rendu à Boulogne, fut informé que le vœu de son père n'avait point été accompli. Il répara cette négligence par un don d'une somme de 12,000 livres, qu'on employa à la construction de l'autel, du chœur et de la balustrade de marbre.

Louis XV remplaça le cœur d'or que les rois, ses prédécesseurs, étaient dans l'usage d'offrir à Notre-Dame, par un ornement d'une grande richesse qu'on appelle l'ornement du roi.

Lorsque la Révolution éclata, Boulogne se vit aussi en proie aux fureurs révolutionnaires. Le trésor de l'église fut confisqué au profit de la nation. Ce temple saint, après avoir servi de magasin à fourrages, fut vendu comme bien national et démoli de fond en comble. Les statues et les images des saints furent réunies sur l'esplanade, et on y mit le feu, aux cris de ces déchaînés qui dansèrent leur ronde infernale autour de ce bûcher. La statue de Notre-Dame, qui cependant avait été arrachée de son sanctuaire, fut d'abord épargnée; un sentiment involontaire de terreur et de respect avait empêché les profanateurs de la détruire, et, en attendant qu'on décidât de son sort, on l'avait placée dans un coin de la salle du comité ; elle y resta jusqu'à ce que le fameux André Dumont, représentant du peuple, qui était venu à Boulogne, ordonna que la statue fût brûlée en sa présence, ce qui s'exécuta le 28 décembre 1793, sur la place de la Haute-Ville.

La miraculeuse statue avait péri, mais la dévotion des Boulonnais pour la sainte Vierge survécut à cette destruction, et Notre-Dame était toujours la souveraine du comté de Boulogne.

Tant de désastres sur lesquels gémissaient les amis de la religion et des arts furent bientôt en partie réparés. M. Haffrenigire, membre du clergé de Boulogne, acheta le terrain sur lequel l'église de Notre-Dame avait été bâtie, avec l'intention d'élever de nouveau à l'auguste Mère de Dieu un sanctuaire digne d'elle. Il employa sept années à l'étude d'un plan fait d'après les plus beaux monuments de l'art chrétien. Le 8 avril 1839, eurent lieu la pose et la bénédiction de la première pierre de cette nouvelle église. Elle a la forme d'une croix grecque, surmontée à sa partie supérieure d'un dôme plus vaste et plus hardi que celui des Invalides et de Sainte-Geneviève. Sur ce dôme est placée une statue colossale de la Vierge, dominant la ville, les campagnes et l'Océan, au-dessus duquel elle s'élève de près de 600 pieds.

Les marins la saluent de loin et, sous son étoile tutélaire, ils se sentent sûrement abrités contre la fureur des tempêtes. Le sanctuaire de Notre-Dame de Boulogne-sur-Mer est encore

aujourd'hui un lieu de bénédiction, un lieu où le malheureux
trouve la paix et le repos sur le sein d'une Mère. Les grâces
spirituelles et temporelles que Marie se plaît à y répandre
prouvent qu'elle honore d'une affection spéciale ce pieux
sanctuaire qui attire toujours un grand concours de pèlerins.

III

NOTRE-DAME DE BON-SECOURS

(SEINE-INFÉRIEURE)

La chapelle de Notre-Dame de Bon-Secours se trouve dans
un des plus beaux sites qu'on puisse rencontrer. Elle domine
les plaines de Sotteville et de Quevilly, où la Seine décrit, en
passant par Rouen, un immense demi-cercle qui, en suivant
la montagne de Canteleu, se prolonge jusque vers la Bouille:
« Il serait difficile, dit la *Normandie illustrée*, de trouver en
France, et même en Europe, un panorama plus magnifique
que celui qui s'offre aux regards du plateau ou des pentes de
ces collines. Pour saisir l'effet de cet ensemble prestigieux,
à toutes ces séductions de la forme qui se rencontrent de
toutes parts, dans la majesté du fleuve, dans l'élégance de
ses ponts, dans la grâce de ses îles, comme dans la physionomie antique de la ville, dans la vaste étendue de ses quais,
dans l'imposante sévérité de ses monuments, ajoutez encore
cette magie de couleurs, cette rêveuse beauté, qui naissent

d'un sol fertile où tout verdoie, d'un ciel capricieux où un splendide soleil dispute sans cesse son empire à des nuages ossianiques qui, guidés par le cours de la Seine, viennent s'amasser en groupes orageux sur la vallée toujours jeune et propice où repose le vieux Rouen. »

Le sanctuaire dont nous retraçons l'histoire jouit depuis des siècles d'une célébrité qui y attire des pèlerins de toutes les parties de cette province. L'ancienne chapelle était dépourvue de splendeur ; mais, dans cet humble asile, la Con- latrice des affligés, le Salut des infirmes et le Refuge des pécheurs prêtait une oreille attentive à tous ceux qui venaient l'invoquer. Le nombre des pèlerins s'augmentant chaque jour, et le sanctuaire, qui tombait en ruines, deve- nant trop petit, un pasteur zélé et ardent, dévoué aux inté- rêts de la gloire de Marie, conçut le plan d'un temple plus digne des grandeurs de l'auguste Reine du Ciel. M. Godefroy, curé du village de Blosseville-Bon-Secours, prêtre généreux, qui, après avoir donné tout ce qu'il possédait pour bâtir cette splendide église dont il avait creusé les fondements, s'est mis en route pour aller recueillir, lui-même, les offrandes des dévots à Notre-Dame. Il a parcouru une partie de la France et de l'Italie, ne se laissant rebuter ni par les refus, ni par les fatigues d'un si long voyage. Marie a récompensé l'énergique dévouement de son serviteur, qui a eu la joie de voir s'élever cette gracieuse église gothique, la plus magni- fique, dit-on, qu'on ait construite en France depuis deux cents ans et qu'on ne se lasse pas d'admirer. Elle couronne aujourd'hui l'un des plus splendides panoramas de cette belle Normandie.

Le chœur de la nouvelle église est bâti sur l'ancienne chapelle ; tout dans ce monument rappelle les beaux siècles de la grande foi. Les vitraux, estimés quatre-vingt mille francs, représentent les mystères de la sainte Vierge. Il faudrait une autre plume que la nôtre pour décrire les beautés de cette église si élégante, si complète dans son ensemble, si finie dans tous ses détails.

Dans ce sanctuaire vénéré où l'âme se sent pénétrée d'un pieux et suave recueillement, Marie fait éclater sa bonté ; aux cœurs désolés, elle donne l'espérance, aux pécheurs un sourire de miséricorde et aux malades la santé. Marie, source inépuisable de consolation, n'a jamais renvoyé sans les secourir ceux qui sont venus déposer sur son sein maternel leurs douleurs, leurs soucis, leurs déceptions. Ces plaques de marbre blanc qui garnissent les murs du sanctuaire béni sont autant de monuments qui rediront sa puissance et sa bonté aux générations à venir.

———————

IV

NOTRE-DAME DE BÉTHARRAM

(HAUTES-PYRÉNÉES)

——

Bétharram, qui dans la langue arabe signifie demeure sacrée, se traduit en béarnais par « beau rameau ». La tradition raconte qu'une jeune fille, étant tombée dans le

Gave, appela la Vierge à son aide au moment où le torrent allait l'engloutir. Soudain elle rencontra sous sa main une branche d'arbre qui lui permit de regagner la rive. En reconnaissance, la jeune fille offrit à sa céleste Libératrice une branche aux feuilles d'or, qu'elle plaça sur son autel dans une chapelle voisine, et ce lieu béni prit le nom de Bétharram ou *beau rameau*.

Bétharram est à vingt kilomètres de Tarbes et n'est éloigné que de quatre kilomètres du château de Coarraze, où naquit Henri IV. Il est situé au sud-est du petit bourg de Lestelle, au-dessus du Gave, non loin de ces monts élevés dont la tête toujours couverte de neige se perd dans les nuages et sur les flancs desquels Dieu a étalé avec soin des beautés incomparables. Au pied des majestueuses Pyrénées s'étendent de riantes vallées parsemées de châteaux et de villages qui bordent le Gave.

L'origine de ce pèlerinage remonte à une antiquité très reculée ; tout fait supposer qu'au lieu où s'élève la chapelle de Notre-Dame il existait un temple construit par les Sarrasins, ce qui nous reporte au XI° siècle.

Des jeunes bergers gardaient leurs troupeaux sur les bords du Gave, lorsqu'ils aperçurent sur la pointe d'un rocher une lumière éclatante ; ils s'approchent et découvrent une statue de la sainte Vierge ; saisis d'étonnement et, ensuite, remplis d'une sainte joie, ils courent au village avertir les habitants de Lestelle de leur découverte ; le curé s'y rendit en habits sacerdotaux, accompagné de toute la population, et l'on se prosterna devant la sainte image qui semblait indiquer qu'elle voulait être honorée dans cet endroit ; les habitants se crurent donc obligés d'y construire un oratoire ; cependant, le roc étant très escarpé, ils ne purent donner suite à leur pieux dessein ; ils transportèrent la statue du lieu où elle avait été découverte dans un petit oratoire déjà existant, à l'extrémité du pont, au-delà du Gave, sur le territoire de Montaut. Quel ne fut pas l'étonnement général, le lendemain, de retrouver la statue où elle était apparue aux bergers. On crut devoir cette fois la transporter dans l'église paroissiale, qu'on eut soin de fermer à clef ; mais le lendemain encore elle était retournée dans le premier lieu de son apparition. On s'empressa alors, malgré la difficulté du travail, d'y construire une chapelle que les peuples, au bruit de prodiges si extraordinaires, vinrent en foule visiter, et bientôt elle fut encombrée d'*ex-voto*, attestant les bienfaits obtenus par l'intercession de Marie. Ce lieu acquit en peu de temps une renommée sans pareille ; mais, pendant les guerres de religion, Bétharram ne fut pas épargné ; l'hérésie porta ses mains sacrilèges sur le vénérable sanctuaire dont il ne resta que les murs. Les hommes peuvent détruire les monuments de pierre, mais ils ne peuvent atteindre le sanctuaire intime de la foi. La persécution des Huguenots dura un demi-siècle ; pendant ce temps, la Mère de Dieu répondait par de nouveaux bienfaits à la confiance qu'on lui témoignait. Vers le soir, des lumières apparaissaient au milieu des ruines, des voix célestes étaient entendues par les habitants de Lestelle, comme pour les récompenser d'être restés fidèles à la foi catholique malgré les persécutions, car ils furent les seuls dans toute la province.

Le calme étant rétabli, Louis XIII vint en personne dans le

NOTRE-DAME DE BÉTHARRAM

Béarn rendre à la religion toute sa liberté et autorisa la reconstruction de la chapelle. Elle fut réédifiée par l'entremise de Mgr de Salettes, évêque de Lescar, et par les soins de Pierre Geoffroi, administrateur des biens temporels de l'église et réparateur de la chapelle de Garaison. Cinq mille catholiques assistèrent à la première messe; l'affluence des pèlerins devint de plus en plus considérable, et le nombre des miracles augmentait en proportion de leur foi et de leur dévotion.

La statue miraculeuse avait été emportée en Espagne pendant les troubles par un prêtre du voisinage, et, comme on la vénérait en Aragon sous le nom de Notre-Dame de la Gascogne, on dut la laisser à ses nouveaux possesseurs.

Le saint archevêque d'Auch fit alors don à la chapelle de Bétharram d'une belle statue de la Vierge, pour remplacer celle dont on regrettait si vivement la perte En mémoire de la visite du vénérable prélat, on éleva une croix sur le sommet du mont auquel la chapelle est adossée; une congrégation de prêtres, qui vinrent s'établir à Bétharram, transformèrent cette montagne en Calvaire Dans tout le voisinage on appelait ce lieu la Terre Sainte à cause de sa ressemblance avec les abords de Jérusalem ; cette ressemblance avait frappé beaucoup de voyageurs.

Bétharram, comme presque tous les sanctuaires de France, devint la proie de l'esprit dévastateur de 93. Dans ces jours de désolante mémoire, les chapelles furent saccagées, les statues brisées, à l'exception de celle du Christ sauvée providentiellement du pillage, et que l'on voit aujourd'hui dans la chapelle de la Flagellation. Ces forcenés avaient déjà dressé leurs échelles contre la façade de l'église, alors très remar-

quable par les sculptures qui la décoraient, pour achever leur
œuvre de destruction, lorsque M. Lescun, maire de Lestelle,
s'y opposa courageusement. « Au nom des arts respectez ces
chefs-d'œuvre ! » s'écria-t-il. Il obtint que ce monument fût
épargné, à la condition que les portes de l'église seraient
murées. La chapelle avec ses dépendances fut vendue peu de
temps après comme bien national ; mais elle tomba dans les
mains d'un pieux habitant de Lestelle, qui conserva intact un
si précieux dépôt. En 1803, Bétharram fut rendu au culte
catholique, et les personnes pieuses qui avaient acheté le
Calvaire le rendirent sans rétribution. Un nouveau séminaire
fut établi, et la dévotion redevint très florissante dans ces
contrées.

« On peut, écrivait M. l'abbé Paradière, curé de Saint-
Jacques de Pau, raser Bétharram à fleur de terre, mais on ne
détruira pas la dévotion à ce sol béni. C'est là que les parents
sont venus consacrer à Dieu leurs enfants au berceau ; c'est
là qu'ils sont venus, à diverses époques de leur vie, renouveler leurs vœux de fidélité au Seigneur et à sa sainte Mère ;
le règne de la Terreur a tenté en vain de faire de ce lieu un
désert, les pèlerinages ont continué. Ne restât-il qu'une pierre
de ce monument si cher à la piété de nos pères, les fidèles
y afflueront, comme au champ de Bethel se pressaient les
enfants d'Israël. »

C'est seulement de nos jours que cette sainte montagne de
Bétharram, qui avait subi tant de dégradations pendant la
tourmente révolutionnaire, a été complètement restaurée.
L'exécution, qui a été confiée à M. Alexandre Leloir, élève de
Pradier, mérite l'attention des artistes.

Les nombreux pèlerins qui se rendent chaque jour à Bétharram, après avoir invoqué Marie dans son antique sanctuaire, suivent avec attendrissement le chemin des stations douloureuses, et Notre-Dame se montre toujours prodigue de ses bienfaits envers ceux qui viennent implorer son secours au milieu de leurs souffrances ou de leurs afflictions.

———

V

NOTRE-DAME DES CLEFS

(VIENNE)

———

Notre-Dame des Clefs était déjà très célèbre dans le Poitou, lorsqu'en 1202 la sainte Vierge donna à cette province un témoignage éclatant de sa protection. Un clerc qui était secrétaire du maire de Poitiers, étant allé passer quelques jours à Périgueux, sa ville natale, offrit aux chefs de l'armée anglaise qui occupait le Périgord de leur livrer Poitiers, le soir du jour de Pâques, pendant que la population assisterait à l'office. Sa proposition fut acceptée, moyennant un prix convenu dont il exigea la moitié à l'avance. De retour à Poitiers, il mit tout en œuvre pour assurer le succès de sa trahison et s'attacher à gagner la confiance de son maître.

Chaque soir, le maire se faisait apporter les clefs de la ville et les plaçait lui-même sous son chevet ; le 15 avril, jour de Pâques, ces clefs lui furent remises en présence du clerc infidèle. Celui-ci, profitant de l'heure la plus propice, pénétra dans la chambre du maire et chercha les clefs qu'il devait jeter par-dessus les murailles aux ennemis qui l'attendaient vers minuit. Mais ce fut en vain qu'il regarda sous le chevet et ailleurs; il lui fut impossible de les trouver. Le clerc, inquiet, voyant arriver minuit, courut aux remparts, afin de faire prendre patience aux Anglais jusqu'à quatre heures du matin, et promit de leur apporter les clefs de la Tranchée, porte par laquelle ils devaient entrer. Il était près de quatre heures, lorsque le clerc entra précipitamment chez le maire, qui dormait encore, et lui dit qu'un seigneur qui se rendait à la campagne pour affaires pressées demandait qu'on lui ouvrit cette porte ; le maire, qui était loin de soupçonner la fidélité de son employé, cherche les clefs pour les lui donner et ne les trouve pas. Saisi de frayeur, il s'agite, se tourmente, et son exaspération est à son comble lorsqu'il entend le beffroi de la ville et qu'on vient lui annoncer que l'ennemi est aux portes.

Les Anglais étaient en effet à la porte de la Tranchée, attendant les clefs que le traître avait promis de leur jeter pour pénétrer dans la ville. Mais tout à coup ils s'enfuient, saisis d'épouvante ; ils s'entre-tuent et laissent la place jonchée de cadavres. Les habitants se précipitent à leur poursuite, en massacrent un grand nombre et ramènent les autres prisonniers ; ceux-ci apprirent que la terreur extrême des Anglais était due à l'apparition d'une grande reine qui s'était fait voir à eux, accompagnée d'un évêque et d'une religieuse. Les Poitevins, assurés que cette grande reine ne peut être que la sainte Vierge, leur Patronne vénérée, se rendent en foule devant son autel ; mais, ô surprise ! les clefs de la ville sont suspendues au bras droit de la statue de Notre-Dame. Tout le monde est dans l'admiration de cette merveille, et chacun fait retentir des acclamations d'une profonde reconnaissance.

En mémoire de cette miraculeuse délivrance, une procession solennelle avait lieu chaque année à pareille époque ; le maire et les échevins y assistaient ; ils offraient au nom de la ville, ainsi que cela est mentionné dans les archives de Poitiers, une certaine quantité de cire qui devait brûler devant la statue de la Vierge. Plus tard, ce luminaire fut remplacé par l'offrande d'un très riche manteau, dont la statue était solennellement revêtue le jour de Pâques, après les vêpres ; la femme du maire faisait, elle-même, ce qu'on appelait alors la toilette de la bonne Dame.

Le lendemain de ce jour, une foule immense se rangeait processionnellement sous la bannière de Marie ; jamais fête ne fut plus chère à cette cité privilégiée. Elle eut lieu même en 1793 et se renouvelle tous les ans. Cette procession se dirige vers la porte de la Tranchée, où Mgr l'évêque de Poitiers prend des mains de Notre-Dame les clefs argentées de la ville ; il ouvre et ferme ces portes au nom de l'auguste Protectrice du Poitou.

En 1863, le 29 novembre, eut lieu le couronnement de Notre-Dame des Clefs. Cette imposante cérémonie attira une affluence considérable de fidèles et de curieux, même des départements voisins. Sur le parcours de la procession s'élevaient des arcs de triomphe décorés avec goût et élégance ;

des tentures et des draperies d'une grande richesse, des guirlandes accompagnées de gracieuses devises en l'honneur de
la Vierge ornaient les maisons.

L'antique église de Notre-Dame-la-Grande, chef-d'œuvre
du XIIIe siècle, ne pouvant contenir, en cette circonstance,
une foule si nombreuse, la statue vénérée fut transportée
à la cathédrale. Les évêques d'Angoulême, de Moulins,
de Blois, Mgr de Ségur, l'abbé de Fontgombault et celui de
Solesmes accompagnaient l'évêque de Poitiers, délégué par
le Souverain Pontife pour le couronnement. Après cette
émouvante cérémonie, l'image miraculeuse fut reportée en
triomphe à l'église de Notre-Dame-la-Grande.

Ce sanctuaire n'a rien perdu de son ancienne célébrité ;
aujourd'hui encore il est très fréquenté ; Marie y habite toujours, elle aime à y répandre ses grâces et ses bénédictions.

VI

NOTRE-DAME DE CHARTRES

(EURE-ET-LOIR)

L'église de Chartres présente le plus antique monument
de la foi dans les Gaules. Ce temple de Marie fut fondé
même avant l'ère chrétienne. Au sein des forêts qu'habi-
taient les Druides, dans le pays des Carnutes, un autel

avait été élevé à la Vierge, sur une grotte, avec cette inscription célèbre : *Virgini parituræ*, à la Vierge qui doit enfanter.

C'est sur ce lieu même que fut bâtie la ville d'Autricum, aujourd'hui Chartres. Saint Aventin, disciple de saint Savinien et de saint Potentien, apôtres de Sens, jeta les fondements de la première église de Chartres vers la fin du IIIe siècle.

L'empereur Claude ayant signé un édit de persécution, Quirinus, gouverneur d'Autricum, fit périr les chrétiens par milliers. Il n'épargna pas même sa propre fille Modeste, dont le courage et la fermeté étaient inébranlables; son corps fut jeté avec celui des autres martyrs dans un puits creusé près de la grotte de la Vierge.

Le sanctuaire de Marie fut détruit de fond en comble. Reconstruit à la paix de l'Église, il fut démoli par les Normands en 858. Réédifié par l'évêque Gislebert, il devint la proie des flammes. A peine était-il relevé de ses ruines qu'il fut consumé par le feu du ciel, l'an 1020.

C'est alors que saint Fulbert, cinquante-cinquième évêque de Chartres, entreprit avec le concours des fidèles la reconstruction du nouveau sanctuaire. En huit années, l'église souterraine, véritable chef-d'œuvre, fut terminée; et il fallut deux siècles pour l'achèvement de ce temple magnifique, tel que nous le voyons aujourd'hui. Il fut consacré et dédié à Marie, en 1260, par l'évêque Pierre de Mincy, en présence de saint Louis et de sa famille. L'intérieur répond par sa beauté à l'extérieur; on y remarque surtout l'entourage du chœur qui représente les principaux traits de la vie de

Notre-Seigneur et de la sainte Vierge, merveilleusement encadrés d'une dentelle de pierre d'un travail admirable.

Devant ces voûtes élevées, ces piliers majestueux, ces vitraux remarquables, et tant d'autres richesses dont l'ensemble est si grandiose, l'âme se sent saisie d'un religieux enthousiasme qui commande le respect. Napoléon Ier, visitant pour la première fois la cathédrale de Chartres, ne put s'empêcher de s'écrier : « Un athée serait mal ici ! »

La statue des Druides, taillée dans les forêts de la Gaule, cent ans avant Jésus-Christ, ayant été brûlée en 1792, on en a placé une copie dans la crypte. Un inventaire fait en 1682 en donne la description suivante :

« La statue est haute de deux pieds et demi ; elle est en bois de poirier noirci et vêtue d'une robe qui descend jusqu'aux talons, d'un manteau, ou chasuble antique, relevé par les bras ; une couronne surmontée de feuilles de chêne, en guise de fleurons, entoure la tête. Assise sur une chaise de la plus grande simplicité, puisque ce sont quatre bâtons rejoints par des morceaux de paille, elle tient l'Enfant Jésus placé sur ses genoux.

« L'Enfant tient la boule du monde dans une main et, de l'autre, il donne sa bénédiction. Il a la tête nue, les yeux ouverts, tandis que ceux de sa mère sont fermés. » On explique ainsi la pensée des Druides : « La mère, n'existant pas encore, ne pouvait contempler le jour ; le temps au contraire se déroulait devant l'Enfant, qui était éternel. »

Le pèlerinage de Notre-Dame de Chartres, depuis les temps les plus reculés jusqu'à nos jours, fut un des plus célèbres de l'univers catholique. Que de miracles, en effet, depuis une longue suite de siècles, et même dont plusieurs, en raison de leur importance politique, ont été consignés dans les annales de la France ! C'est à cause de ces prodiges que le sanctuaire où reposent la miraculeuse image ainsi que les précieuses reliques de Marie attire encore aujourd'hui un concours immense de pèlerins.

La plupart des rois de France sont venus visiter Notre-Dame de Chartres, parmi lesquels nous citerons : Charles le Chauve, le roi Robert, saint Louis, Philippe le Bel, qui remporta une glorieuse victoire sur les Flamands, l'an 1304, après avoir fait un vœu à Notre-Dame de Chartres, et qui, en reconnaissance, lui donna à perpétuité la terre et seigneurie des Barres, fonda un annuel perpétuel et laissa à cette église tout l'appareil qu'il avait le jour de sa victorieuse journée ; Philippe de Valois, qui, après le succès de Cassel, y déposa ses armes en *ex-voto ;* Jean le Bon, qui offrit à Notre-Dame un bâton de pèlerin virolé d'argent et surmonté d'une fleur de lis en vermeil ; Charles V, Louis XII, Henri II, Henri III et Henri IV, qui voulut être sacré à Chartres par dévotion à Notre-Dame ; Anne d'Autriche, qui vint solliciter la grâce d'un héritier ; des preux chevaliers comme Bayard, et des saints illustres comme saint Vincent de Paul, saint François de Sales, saint Benoît-Joseph Labre, etc., qui tous affirmèrent devant le monde entier leur foi et leur amour envers Dieu et son auguste Mère.

La magnifique église de Notre-Dame de Chartres conserve le voile de la sainte Vierge ; cette relique précieuse, que Charles le Chauve fit apporter d'Aix-la-Chapelle, en 875, pour la donner à la cathédrale de Chartres, se voit encore aujourd'hui dans une châsse d'or, revêtue d'une autre châsse couverte de lames d'or, façonnée à la mosaïque et enrichie de diamants, de rubis, de saphirs et de plusieurs autres pierres précieuses. Des savants ont reconnu que ce voile béni était parfaitement conforme à ceux dont se servaient les femmes d'Orient pour se couvrir la tête ; il était long de cinq mètres quarante et tissé en soie écrue, orné de plis gracieux retenus par des galons d'or. N'oublions pas que la sainte Vierge descendait des rois de Juda et que ces sortes de vêtements se léguaient d'une génération à une autre. Ce voile précieux a été morcelé par les révolutionnaires : il n'en reste plus maintenant que deux mètres douze de longueur sur quarante-six centimètres de large.

En 911, la ville de Chartres fut miraculeusement délivrée des Normands. Comme ils étaient sur le point de s'emparer de la ville, Goncelin, évêque de Chartres, monta sur les remparts, tenant le voile vénéré de Notre-Dame comme une enseigne ; aussitôt l'épouvante se mit dans le camp ennemi, et tous se retirèrent en désordre.

En 1568, la ville fut assiégée par les Huguenots. Ce fut pendant ce siège que la statue miraculeuse, posée sur la porte Drouaise, ne put être endommagée par les coups de canon et de mousquet que les assiégeants lancèrent sur elle, et ils se retirèrent au milieu même de leurs succès. Les habitants s'étaient réunis en foule pour prier auprès de la sainte relique du voile de Marie ; en reconnaissance de cette délivrance miraculeuse, il s'y fait tous les ans une procession générale.

En 1832, la ville de Chartres était infestée par le choléra, qui sévissait avec plus d'intensité chaque jour ; on prit alors la résolution de porter processionnellement la châsse qui contenait le voile de l'auguste Mère de Dieu ; le fléau cessa immédiatement, les malades furent guéris et on ne constata plus aucun décès cholérique, à l'exception de deux hommes qui avaient osé insulter l'étoffe bénie de Marie.

La fête du millénaire de la donation du voile de la sainte Vierge a eu lieu en 1876 ; elle a attiré une affluence considérable d'étrangers. L'église était splendidement ornée, des milliers de cierges entouraient la statue de Marie. Sous la voûte, des cordons lumineux se croisaient en tous sens ; le magnifique autel du fond, en pierre, du style roman, était couvert de globes de feu et de candélabres étincelants. On apercevait parfaitement le voile béni à travers les grandes glaces, que reliaient des ornements en bronze doré ; quinze évêques l'escortaient, et toute la foule le saluait avec un religieux enthousiasme.

Citons, en terminant, un passage de la vie de l'illustre Boudon, archidiacre d'Évreux, dans lequel il est dit : « Ses pieux pèlerinages à Notre-Dame de Chartres avaient toujours été suivis de consolations si douces et de secours si miraculeux qu'il ne croyait pas pouvoir travailler avec trop d'ardeur à la gloire du Seigneur, dans les lieux où sa sainte Mère avait écouté ses prières avec tant de miséricorde et de bonté. »

La dévotion des habitants de Chartres envers Marie, maintenant encore si vive et si pleine d'ardeur, prouve mieux que tous les monuments de l'histoire que cette divine Mère, qui ne cesse de répandre des faveurs de tout genre dans son

antique et belle église de Chartres, a des droits incontestables au dévouement et à la reconnaissance de cette cité
privilégiée.

VII

NOTRE-DAME DU PUY ET NOTRE-DAME DE FRANCE

(HAUTE-LOIRE)

Le Puy est une ville ancienne située sur le mont Anicium
ou Anis. Saint Georges en fut le premier évêque. Suivant la
chronique, une dame gauloise, qui avait été baptisée par le
saint évêque, se trouvant malade et près de mourir, fut
avertie qu'elle recouvrerait la santé sur le mont Anicium
non loin duquel était sa demeure ; pleine d'espérance, et
malgré les difficultés, elle voulut qu'on l'y transportât ; à
peine fut-elle assise sur le rocher qu'un doux sommeil vint
calmer ses souffrances. Alors, elle vit en songe une dame
éblouissante de beauté, dont les draperies lumineuses flot-
taient comme une blanche vapeur. Une couronne de pierres
précieuses ornait sa tête et des esprits angéliques formaient
son cortège. « Quelle est cette reine si gracieuse, si belle
et si noble, qui vient à moi dans mon extrême affliction ? »
demanda la fille des Gaules à un des anges ? — « C'est la
Mère du Fils de Dieu, répondit l'esprit bienheureux, et elle te
donne l'ordre de prévenir Georges, son serviteur, qu'elle a

fait choix de ce rocher pour y être invoquée. Afin que tu ne prennes pas l'ordre du Ciel pour un vain songe, réveille-toi, tu es guérie. » Se réveillant aussitôt, la dame n'avait plus ni fièvre ni douleurs et se sentait pleine de vie. Pénétrée de reconnaissance, elle courut chez l'évêque et lui transmit de vive voix le message de l'ange. Saint Georges s'inclina respectueusement devant l'ordre de la Mère de son Dieu, et sans délai il alla visiter la roche miraculeuse, accompagné de la dame gauloise et de quelques serviteurs. Sa surprise fut grande en la voyant couverte de neige, bien que l'on fût à l'époque des plus grandes chaleurs de juillet ; comme il contemplait cette merveille, un cerf parut, qui se mit à courir sur cette neige en traçant de ses pieds légers l'emplacement d'un vaste édifice. L'étonnement du saint évêque fut inexprimable ; il fit entourer de baies le lieu que le cerf avait parcouru, et en 221 la cathédrale s'éleva sur cette terre privilégiée. Autour de ce temple remarquable se groupa la ville du Puy, dont saint Grégoire fut aussi évêque et seigneur sous le titre de comte de Velay.

Ce qui contribua à l'agrandissement de cette ville et à sa renommée, ce fut la possession d'une petite statue miraculeuse de la sainte Vierge, qui fut placée dans la cathédrale et qu'on vient vénérer du fond de l'Espagne, de toutes les parties de la France et de l'Étranger. Cette statue est en bois de cèdre, elle a deux pieds de hauteur ; son attitude est celle d'une personne assise sur un siège ; elle tient l'Enfant Jésus sur ses genoux. Tout fait présumer que cette image est l'ouvrage des premiers chrétiens. Saint Louis, à son retour de la Terre Sainte, en fit don à la cathédrale du Puy.

La sainte Vierge récompensa la foi et la piété des habitants par des miracles éclatants, qui attirèrent des pèlerins de toutes les parties du monde.

Les Souverains Pontifes ont encouragé ce pèlerinage par leurs bienfaits et aussi par leur exemple : des papes sont venus comme de simples pèlerins s'agenouiller devant la Bonne-Dame du Puy. Plusieurs rois de France ont gravi la montagne d'Anicium pour vénérer la Reine du Ciel et obtenir sa protection. En 1422, Charles VII, qui n'était alors que Dauphin, vint se prosterner aux pieds de Notre-Dame pour lui recommander sa cause presque désespérée ; ce fut dans cette même église qu'on le proclama roi de France.

On assure que le roi René fit ce pèlerinage avec un grand apparat, entouré d'une suite nombreuse d'hommes et de chevaux ; une foule de Maures en costume oriental les suivaient et vénéraient avec foi la Vierge miraculeuse.

La cathédrale du Puy est un modèle d'architecture gothique ; son clocher pyramidal ajoute à la majesté du monument, qui est en partie adossé au rocher et en partie supporté par des voûtes. Sa façade, ornementée de mosaïque, s'étale sur un immense perron auquel on arrive par un escalier de cent dix-huit marches.

L'antique sanctuaire est orné d'une quantité d'*ex-voto* qui redisent hautement les bienfaits de la Mère de Dieu. Le maître-autel est en marbre de couleurs différentes, la chaire et l'orgue sont remarquables par leurs sculptures.

Le pic Corneille, nom donné à l'immense roche basaltique, couronne la montagne, sur la pente de laquelle est bâtie en amphithéâtre l'antique ville du Puy.

Ce pic forme le point le plus élevé du plateau central de la France; il s'élève à sept cent cinquante-sept mètres au-dessus du niveau de la mer et à cent trente-deux mètres au-dessus de l'hôtel de ville, il domine tout ce pays si agréablement accidenté; de son sommet on jouit d'une perspective des plus délicieuses, surtout vers le coucher du soleil, lorsque ses rayons jettent leurs derniers feux.

Mgr Morlhon, évêque du Puy, si attaché au culte de la Mère de Dieu, forma le projet d'élever sur cette roche une statue en l'honneur de la Vierge Immaculée. Non seulement tout le diocèse répondit avec empressement au vœu de son évêque, mais on s'y associa de toutes les parties de la France, et la liste de souscription fut bientôt couverte de signatures. Les élèves des écoles chrétiennes de France ont l'honneur d'avoir fourni, par cotisation, le piédestal de la statue, qui mesure six mètres soixante-dix centimètres de hauteur et pèse 680,000 kilogrammes; le revêtement en fer du piédestal pèse 45,000 kilogrammes. 150,000 kilogrammes de bronze provenant des canons pris sur les Russes pendant la guerre de Crimée furent donnés pour cette œuvre par Napoléon III, qui y ajouta un don de 10,000 francs en son nom et de 2,000 francs de la part de l'impératrice.

Cette gigantesque statue, qui est l'œuvre d'un grand statuaire, M. Bonnassieu, a seize mètres de hauteur. La Vierge est représentée debout, couronnée d'étoiles; sa robe et son manteau retombent en plis gracieux; du pied elle écrase la tête du serpent, et sur son bras droit est assis le divin Enfant Jésus, qui de sa main bénit l'antique cité et la France tout entière. La tête de la Vierge a un mètre cinquante centimètres de diamètre : la chevelure a 7 mètres de longueur, un des pieds pèse 3,100 kilogrammes et a un mètre vingt centimètres de longueur, l'avant-bras a trois mètres soixante-quinze centimètres. Dans l'intérieur il y a cent sept marches d'escalier pour arriver à la couronne.

Le 12 septembre 1860, la statue de la Vierge du mont Corneille, dédiée à l'Immaculée-Conception, a été solennellement inaugurée sous le titre de Notre-Dame de France. La statue en marbre blanc de Mgr Morlhon est aux pieds de la Vierge dans l'attitude de la prière.

Veuille Marie Immaculée, qui a établi sa demeure au milieu de nous, afin d'y recevoir d'une manière permanente nos supplications, veiller aux intérêts de notre chère patrie et en diriger les actions ! Qu'Elle soit le point de ralliement de tous les Français !

VIII

NOTRE-DAME DE FOURVIÈRES

(RHÔNE)

Notre-Dame de Fourvières est le premier sanctuaire qui fut dédié à la Mère de Dieu dans les Gaules. Il est le plus célèbre de tous les pèlerinages de France.

La sainte chapelle est bâtie sur les ruines du Forum construit par Trajan, au lieu même où avait été le fameux temple de Minerve, sur une colline qui domine l'imposante cité de Lyon, ses quais sur la Saône et sur le Rhône, puis au delà les campagnes environnantes et les immenses plaines qui se terminent aux montagnes de la Savoie.

« Plus de portiques, plus d'amphithéâtres, dit le savant historien Léopold Bécoulet, plus d'arènes sanglantes, plus de divinités de pierre ; tout cela a disparu devant le souffle puissant et divin du Christianisme ; débris et souvenirs sont restés enfouis dans les entrailles de la terre. En refaisant les sociétés et les hommes, la religion a refait aussi les vallées et les montagnes. Fourvières, le Forum des empereurs, portait une toge de tyran toute rouge du sang chrétien ; Fourvières, colline bénie du Ciel, est couronnée de lis et parée, comme une fiancée, d'une blanche robe de vierge ; et cette robe si belle possède une vertu mystérieuse: son attouchement guérit et console. A la place des fausses divinités du paganisme y règne une Reine dont le sceptre est doux et suave. Elle est l'Etoile de la mer, le Refuge de ceux qui souffrent, l'Espérance de ceux qui pleurent, le Garant du bonheur présent et l'immortelle Promesse d'une éternelle félicité. Voilà pourquoi cette colline n'a plus que les gracieux souvenirs de la charité, plus que les douces voix de la résignation et de la prière. »

Le pape Innocent IV, persécuté par l'empereur Frédéric II, vint se réfugier à Lyon en 1244 et y séjourna pendant six ans. Ce vénérable pontife, si dévot à Marie, renouvelait souvent ses visites à Notre-Dame de Fourvières, et son exemple y attira une foule de pèlerins. Avant de quitter la ville, il la bénit solennellement du haut de la sainte montagne.

C'est pour perpétuer le souvenir de cette imposante cérémonie que, chaque année, le jour de la Nativité de la sainte
Vierge, a lieu sur la terrasse de Fourvières la bénédiction de
l'antique cité des Gaules.

Rien de plus touchant que cette cérémonie, qui attire
presque toute la population lyonnaise sur les quais et les
places en vue de Fourvières, où des multitudes de chrétiens
s'agenouillent et s'inclinent avec foi, pour recevoir la bénédiction du très Saint Sacrement donnée, par Mgr le cardinal-
archevêque, du haut de la terrasse pavoisée et resplendissante de globes de feu.

La Vierge Immaculée, qui apparaît comme un astre étince-
lant sur son dôme aérien, bénit aussi ses enfants, vers lesquels elle semble étendre ses mains pleines de grâces.

En 1476, Louis XI se rendit en pèlerinage à Notre-Dame
de Fourvières et, en reconnaissance de sa victoire sur Charles
le Téméraire, il dota l'église d'un revenu annuel de 65 livres
tournois ainsi que de riches ornements.

Les Huguenots, dont la soif de l'or égalait l'impiété, pillèrent le sanctuaire vénéré et ne laissèrent que les quatre
murs. Après avoir réparé les églises de la ville, on s'occupa
de Fourvières, et le nouvel autel de la chapelle dédié à la
l'Assomption fut consacré en 1586. Les pèlerins s'y rendirent
en grand nombre. Anne d'Autriche y alla prier souvent pendant que Louis XIII combattait en Savoie ; Marie de Médicis
et d'illustres personnages accompagnaient la reine.

Mais l'église était pauvre et dépourvue d'ornements. Le
clocher était à peine construit que la foudre y tomba et laissa
au-dessus de l'autel de la Vierge une large ouverture qui met-

tait celui-ci à découvert. Le chapitre vit dans cet accident un avertissement du Ciel et promit de ne rien négliger pour raviver le culte de la Reine des anges.

En 1652, la peste ravageait la cité lyonnaise; les autorités de la ville, voyant échouer les secours humains, reconnurent la nécessité d'implorer la céleste Médiatrice auprès de Dieu.

Ils s'engagèrent à élever deux monuments en l'honneur de la Vierge, puis à se rendre à pied à Notre-Dame de Fourvières tous les ans, le jour de la Nativité de Marie, et à y offrir sept livres de cire blanche et un écu d'or au soleil.

L'église de Fourvières devenue trop petite pour l'affluence des pèlerins qui s'y rendaient de toutes parts, une nouvelle enceinte s'ajouta à la première, et la dédicace en fut célébrée le 2 octobre 1751.

La Révolution ne tarda pas à éclater, et le sanctuaire de Notre-Dame fut de nouveau pillé, dévasté et vendu comme bien national, à la grande douleur des fidèles, qui n'avaient pas la suprême consolation d'aller implorer Marie à son autel béni; du moins tournaient-ils leurs yeux et leurs cœurs vers Celle qui après Dieu était leur unique espérance.

Les églises ayant été rendues au culte, le cardinal Fesch, alors archevêque de Lyon, mit tout en œuvre pour racheter le sanctuaire de Notre-Dame de Fourvières, où s'étaient opérés tant de miracles.

Le 19 avril 1805, le pape Pie VII y célébra le saint sacrifice de la messe avec toute la solennité possible et, du haut de cette colline si chère aux Lyonnais, il bénit la ville, au bruit des cloches de toutes les paroisses, des salves de l'artillerie, et aux cris de joie de tout le peuple, qui voyait s'ouvrir pour lui de nouvelles sources de grâces et de salut. Pie VII avait enrichi ce sanctuaire béni d'indulgences plénières et quotidiennes.

A partir de cette époque, Notre-Dame de Fourvières acquit une grande célébrité dans tout l'univers catholique. La sainte Vierge répondit à la piété des pèlerins par de nombreux miracles, et les *ex-voto* couvrirent bientôt les murs du sanctuaire réédifié.

En 1832, le choléra vint étendre de nouveau ses ravages dans presque toute la France ; les Lyonnais, se rappelant la protection de la Reine du Ciel sur leur cité en temps de peste, multipliaient leurs pèlerinages et leurs supplications. La Mère de miséricorde se laissa toucher par ces milliers de voix qui imploraient sa clémence et obtint que le fléau s'arrêtât à la porte de la ville. Il en fut de même trois ans plus tard ; et, en reconnaissance de si grands bienfaits, Lyon offrit à sa Protectrice un magnifique tableau placé en vue dans le chœur avec l'inscription suivante : « Lyon reconnaissant d'avoir été sauvé du choléra en 1832 et en 1835. »

Non loin de cette marque de la reconnaissance publique, on en voit une autre attestant la protection signalée de Notre-Dame de Fourvières à l'occasion de l'inondation de 1840, qui pouvait détruire la ville entière.

Plus de quinze cent mille personnes gravissent pendant l'année la sainte colline, pour réclamer la puissante médiation de Marie à son sanctuaire privilégié. Chaque jour on est obligé de refuser les *ex-voto*, faute de place.

Une splendide statue de la Vierge Immaculée en bronze doré, haute de cinq mètres soixante centimètres, est placée sur le dôme d'une tour majestueuse composée de trois étages.

« Elle apparaît sur le sommet de la sainte colline, dit un savant historien déjà nommé, comme un emblème de paix, d'amour et d'espérance ; ses mains étendues vers la cité semblent l'appeler à former avec elle une alliance de plus en plus étroite ; et, chaque fois qu'un Lyonnais a le cœur ulcéré par la douleur, ses regards se tournent avec confiance vers cette douce image, et l'on dirait qu'un rayon de soulagement et d'espoir descend aussitôt dans son âme. »

Le 8 décembre 1852, Son Éminence le cardinal de Bonald, archevêque de Lyon, inaugura cette magnifique statue ; une inscription placée en face de la ville porte ces mots : « O Marie ! cette ville est à vous ; protégez-la ! »

L'histoire de la chapelle de Fourvières se rattache d'une manière intéressante à tous les événements de Lyon. Mais ce qu'il importe surtout de savoir, c'est que depuis une longue suite de siècles jusqu'à nos jours les miracles les plus éclatants, les plus authentiques, se sont opérés successivement dans ce sanctuaire de prédilection, avec une persévérance qui prouve toujours plus parfaitement la grandeur du pouvoir de Marie. La divine Providence a remis entre les mains de la Reine du ciel et de la terre, comme à la plus sage dispensatrice de ses dons, des biens non seulement spirituels, mais aussi temporels pour les distribuer à son gré.

Le fait suivant, que nous aimons à citer, fait ressortir l'évidente intervention de Marie dans les causes désespérées en faveur de l'affligé qui l'invoque avec foi et confiance. Laissons parler le pieux et savant auteur du pèlerinage de la Salette sur l'événement qui le concerne.

« Lorsque, pour rétablir ma santé qui avait été gravement compromise, j'obtins du ministre l'autorisation d'entreprendre le voyage d'Italie, je profitai largement de cette permission pour meubler ma mémoire du plus de souvenirs possible, et je poursuivis mes excursions jusqu'aux extrémités les plus avancées de la Sicile et des îles de Malte. Cette prolongation au-delà du terme que je m'étais d'abord prescrit avant mon départ d'Angers épuisa nécessairement mes ressources pécuniaires et me mit dans la nécessité d'écrire de Saint-Michel en Savoie à mon père de ne point manquer de m'envoyer de Grenoble un mandat à tirer sur la poste, sans quoi je n'aurais plus la faculté de subvenir aux frais de mon retour. Dans cette pénurie, j'atteignis la ville frontière de Chambéry ; et là, comme je ne possédais pas la quantité d'argent nécessaire au payement du voyage, je fus ainsi forcé de me priver du confortable d'un hôtel, et, pour m'épargner le prix d'un logement, je m'estimai heureux d'avoir, pour me reposer la nuit, une chaise dans un café, où j'avais pris un bouillon à la descente de voiture.

« Au lieu d'acquitter ma place, je me bornai donc à donner des arrhes pour arriver jusqu'à Grenoble, où je comptais recevoir un mandat ; et sitôt que l'on eut descendu mes effets au bureau de la diligence, je prévins un employé que j'avais à toucher un mandat sur la poste, et que j'allais au plus vite quérir la lettre où il devait être inséré. Lorsqu'on me l'eut remise, je l'ouvris avec anxiété croyant tenir avec elle de l'argent. Mais à cet espoir succéda subitement le plus complet désenchantement, quand je lus les tristes mots par lesquels mon père m'exprimait qu'il m'attendait à Angers depuis plusieurs jours pour la reprise de mes cours ; qu'il était presque certain que sa lettre ne me parviendrait pas, et que, dans cette persuasion, il n'avait pas voulu aventurer un mandat. Je fus obligé de reporter cette fâcheuse nouvelle au chef du bureau de diligence que je venais de quitter, et je fus réduit, pour satisfaire au payement de ma place, à sacrifier une pièce d'or de Sardaigne que j'avais mise, à cause de sa rareté en France, en réserve avec mes objets de curiosité.

« Il me fallut, pour gagner Lyon, supporter un affront plus vexatoire. Cette fois, je fus réduit à l'impossibilité de donner des arrhes et à offrir pour caution mes bagages ; et dans cette autre cité, où des désagréments de plus en plus pénibles m'étaient réservés, je reçus tout d'abord une nouvelle humiliation en déclinant forcément ma position financière, et en laissant mes malles en dépôt, sans oser demander un hôtel. Je suppliai de mon mieux l'employé du comptoir de patienter quelques instants, lui promettant que je ne tarderais pas à être délivré d'embarras par une de mes connaissances intimes, qui, certes, ne me ferait pas défaut. Je m'informai sur-le-champ de sa demeure, et l'on m'apprit qu'elle habitait la campagne, loin de la ville. Malgré cet éloignement, je ne balançai point à suivre mon impulsion et, après m'être longuement fatigué à battre le pavé, je frappai avec allégresse à la porte qui m'avait été désignée. Mais le concierge fit évanouir en un instant mes espérances et ajouta un rude coup à ma mauvaise fortune, en me déclarant que celui que je demandais n'habitait plus Lyon depuis trois mois. Alors je me rappelai que j'avais à remettre à un des plus éminents fonctionnaires, et de la part d'un de ses amis, M. Pincardini, Romain d'un rang très distingué, des cheveux teints du sang de sainte Véronique-Juliani et un ouvrage très volumineux sur la vie de cette religieuse, morte abbesse capucine à Città di Castello et canonisée sous Grégoire XVI, en 1839. Je me persuadai que cette grande marque de confiance dont j'avais été honoré me serait plus que suffisante pour n'être pas refusé. Ce ne fut toutefois qu'à la seconde visite, et vers les quatre heures de l'après-midi, que je réussis à être introduit dans le salon de ce haut fonctionnaire ; et, lorsque je lui eus présenté les précieux objets dont j'étais porteur, pour le décider à me nantir de quelques secours, je m'aventurai à l'entretenir de mon état de gêne si critique, n'essayant point de pousser au delà mon importunité, à cause de l'abaissement de ma personne vis-à-vis de sa dignité. Je n'en fus pourtant point traité plus favorablement, car ce grand personnage ne me fit que des réponses oiseuses, toutes moins rassurantes les unes que les autres. Il prétextait que les circonstances étaient trop difficiles et les affaires commerciales trop paralysées ; bref, il me confessa que, dans les conjonctures actuelles, on ne consentirait très probablement point à me faire un prêt. Concluant de là que j'avais perdu tout espoir de recevoir de sa main la plus petite valeur en numéraire, je m'efforçai de contenir le déchirement de mon cœur et je me retirai en le priant de m'indiquer un banquier sûr qui me rendît volontiers le service que je réclamais.

« Je me transportai en toute hâte au domicile de celui-ci,

qui, par surcroît de malheur, était absent. Je recommençai un second voyage, également infructueux. Puis, dans les intervalles, je me promenais comme un égaré, de long en large, dans les rues et sur les quais, attendant avec anxiété le dénoûment de cette dernière tentative. Je retournai une troisième fois, et ce ne fut qu'après avoir fait antichambre que je trouvai le banquier disponible. Je lui exposai le motif de ma venue et, pour m'accréditer dans son esprit, je lui donnai le nom du dignitaire qui m'avait adressé chez lui.

« Aucune de mes paroles ne put l'ébranler ; loin de là, il me donna un démenti formel, et, mettant le comble à la malhonnêteté, il me compara à ces gens qui, sous des noms empruntés, l'assaillaient de temps en temps de pareilles visites, et me fit bien comprendre qu'il ne serait point dupe de ma démarche. « Je ne suis point un imposteur, lui répliquai-je ; au reste, rien ne vous est plus facile que de vérifier qui je suis, d'où je viens, et si la cause de ma fâcheuse position pécuniaire dépend ou non d'un voyage dont la durée, primitivement fixée, a été de beaucoup outrepassée. Veuillez jeter un coup d'œil sur les lettres qui sont dans mon portefeuille, ainsi que sur mon passeport tout surchargé des visas des pays où j'ai stationné. » Mais il ne daigna pas accéder à la moindre de mes propositions et, pour couper court à tout et n'être plus obsédé de ma présence, se levant de son siège avec dédain, il eut l'indignité de me mettre hors de son domicile. J'étais tout consterné et stupéfait, je tombais de déception en déception et, à la suite de chaque pourparler, je n'étais pas plus avancé qu'auparavant. Quel parti choisir ?

« La nuit étendait déjà son voile sombre sur la nature ; et

je n'avais pas reparu depuis le matin au bureau de la diligence. Au lieu de me restaurer à une table d'hôte, j'avais maigrement vécu, dans une véritable taverne, à l'aide de quelques sous restés dans mon gousset.

« Cela était bel et bien jusqu'à la tombée de la nuit; mais l'heure était sonnée où l'on ne peut se passer de gîte, et, pour me procurer un appartement, il était indispensable de constater, en montrant des bagages, ma qualité de voyageur; or on sait qu'ils avaient été laissés comme cautionnement jusqu'à ce que j'eusse acquitté ma dette du trajet de Grenoble à Lyon. Que faire après tant de mécomptes? Comme je roulais dans ma tête cet enchaînement nécessaire des événe. ments, une idée lumineuse vint m'éclairer soudain. « Pour- « quoi, me dis-je alors, persister à vouloir être soulagé par l'ap- « pui des créatures. Partout les oreilles sont fermées à mes « supplications, et je n'éprouve que les rebuts les plus amers « N'ai-je pas une Protectrice céleste, plus compatissante que « tous les hommes réunis? O Marie, inspire-moi par quels « moyens je serai muni de quelques pièces d'argent! » Aussitôt, reprenant courage, je cheminai vers la chapelle de Fourvières, qui domine l'imposante cité de Lyon. Combien de fois, me répétai-je en chemin, n'avez-vous pas, auguste Reine, fait éclater votre puissance dans ce lieu de prédilection? Votre bras se serait-il raccourci à l'égard de celui qui vous implore, à cette heure, avec toute l'effusion de son âme? Non, votre tendre cœur ne le souffrira pas. Pendant que je réveillais ainsi ma dévotion envers Marie, l'obscurité étant déjà assez sensible pour ne plus distinguer la physionomie des passants, je gravissais lestement la fameuse côte du village de Fourvières, à quelques pas en arrière d'un étranger qui montait devant moi.

« Je lui demandai le chemin uniquement par manière d'acquit, car il m'était parfaitement connu. Puis, la conversation s'étant entamée, chacun de nous racontait à l'autre ce qui le préoccupait. Il m'instruisait qu'il avait quitté depuis peu le Canada, où il avait passé d'assez longues années, et qu'il ne séjournait à Lyon que momentanément. Pour moi, qui étais perpétuellement ramené au sein de mes agitations, je lui dépeignis ma déplorable situation; et, comme son extérieur me dénotait des mœurs pures et honnêtes, je lui fis l'ouverture de mon intention de me recommander à Notre-Dame de Fourvières. Cette communication ayant excité son intérêt, il m'apprit que, de son côté, il effectuait pareillement un pèlerinage pour solliciter une grâce particulière; et ici brilla le signe avant-coureur de l'exaucement de mes vœux. Qui pouvait, en effet, mieux comprendre mes besoins qu'un homme qui en éprouvait peut-être de plus pressants, et qui comme moi allait jeter ses inquiétudes dans le cœur de Marie? Malgré cette rencontre si évidemment providentielle, je n'eus pas la plus petite velléité de l'attendrir sur mon sort pour qu'il m'aidât provisoirement de ses propres deniers. On ne se hasarde pas, de prime abord, à quêter de l'argent auprès d'un inconnu avec lequel on s'abouche fortuitement dans un faubourg d'une ville aussi populeuse que celle de Lyon, à laquelle il n'appartenait même pas. Toutefois, usant avec lui d'une liberté franche et cordiale, je le priai de me fournir des indications sur les plans que je dressais pour recevoir quelques secours.

« Je vous donnerais bien, continua-t-il, les renseignements que vous souhaitez ; mais cela n'est pas nécessaire, attendu que moi-même je me charge de vous prêter ce qui vous manque. Je puis me tromper sur votre compte, je cours la chance de n'être pas remboursé ; mais vous m'inspirez assez de confiance pour que je vous assiste ; par conséquent, si je ne vous obligeais pas, je n'obligerais jamais personne.

« Ne craignez rien, lui répliquai-je, je suis incapable d'une telle bassesse. Mais, comme vous n'êtes pas tenu à me croire sur parole et que vous êtes même trop généreusement porté à concevoir de moi une opinion avantageuse, je vais vous exhiber mon passeport et mes autres pièces qui me feront connaître de vous.

« C'est inutile, ajouta-t-il, je ne veux point les examiner. Vous pouvez dire que c'est la très sainte Vierge qui vous a obtenu d'être exaucé. Suivez-moi dans son sanctuaire, et, quand vous y aurez achevé votre action de grâces, je vous remettrai la somme que vous désirez.

« Oh ! combien fut heureuse mon entrée dans ce saint lieu ! Combien fut douce la joie que je ressentis à la vue de cette précieuse statue de Fourvières, par la vertu de laquelle j'avais été subitement soulagé dès les premiers moments où j'avais tourné mes regards vers elle ! Dans le silence de la nuit, à la lueur des lampes et des cierges que la piété des pèlerins avait allumés en l'honneur de Marie, mon âme goûtait les délices de la reconnaissance, et, n'étant troublé par aucun objet propre à me distraire, je versais avec un libre cours des larmes de joie qui baignaient le pavé où je courbais le front.

« Je n'avais satisfait qu'à une bien faible partie de ma

dette envers Notre-Dame de Fourvières, lorsque l'étranger me fit signe de le suivre hors de la chapelle. A ce moment, resté sous l'impression des émotions les plus vives, je n'avais pas eu le temps de recouvrer mon état habituel, et, ne pouvant articuler mes paroles trop entrecoupées, je fus bien aise de profiter des ténèbres pour cacher les soupirs s'échappant de ma poitrine qui sanglotait encore.

« Cet homme, qui ne s'effacera jamais de mon souvenir, me conduisit donc à sa résidence et m'y fit immédiatement compter vingt pièces de cinq francs, en m'exhortant avec une grâce inexprimable à ne point hésiter à l'avertir si mon voyage exigeait une somme plus considérable ; puis, me portant, avec ses adieux, ses souhaits de prospérité : « Ne vous « embarrassez point, termina-t-il, de me faire rentrer cet « argent directement : il vous suffira, à Angers, de le « remettre, à mon adresse, entre les mains d'une personne « qu'il m'indiqua. »

« Que l'on ne soutienne donc point que la prière, animée par la foi, n'attire pas du Ciel sur l'affligé des faveurs inespérées qu'il recherchait en vain par des moyens ordinaires ; que l'on ne répète pas non plus que la créature est trop au-dessous du Créateur pour qu'il dérange en sa faveurs le cours naturel des lois physiques ou morales des êtres inanimés ou intellectuels. »

Gloire donc à Marie, qui consent à nous accorder son auguste protection en retour de quelques prières faites avec une simplicité d'enfant !

Le souvenir des bienfaits de Notre-Dame de Fourvières ne périra jamais !

IX

NOTRE-DAME DE GARAISON

(HAUTES-PYRÉNÉES)

———

Dans une tranquille vallée qui n'était autrefois qu'un désert aride ayant l'aspect des Landes, s'élève une belle église dédiée à la Vierge. Dieu enrichit cette vallée stérile par l'entremise de sa sainte Mère, dont la divine présence apporta au pauvre village la nourriture du corps et de l'âme.

Le Père Poiré, dans la triple couronne de la très sainte Vierge (1630), raconte ainsi l'origine de la dévotion à Garaison. Nous reproduisons cet écrit dans le même style :

« Il y a environ six vingts ans que les premiers fondements en furent jettez, et tient-on de père en fils que l'occasion en fut telle que je vays dire. Une petite fillette de douze ans, qui gardait les brebis dans une lande au milieu de laquelle la chapelle fut depuis bâtie, était assise près d'une fontaine, qui est aujourd'huy couverte d'une belle demi-voûte, joignant le pié du grand autel, quand la Mère de Dieu luy apparut, et lui commanda de faire avertir par son père les consuls du Mont-Léon, ville située à une lieue de là, de bâtir une église à son honneur à l'endroit où elle lui parlait. La fille ne fut point si surprise qu'elle n'eust assez de courage pour lui dire que très volontiers, pourveu qu'elle voulust garder son pain et son sac, tandis qu'elle irait, en diligence, faire son message.

La Mère de bonté ayant accepté la condition, elle s'encou
rut à son pere, et le bonhomme, non moins simple que sa
fille, aiant cru d'abord à ce qu'elle luy disait, s'en alla
faire la proposition aux consuls, qui du premier coup le
renvoièrent bien loin. Sur ce rebut, il eut recours à sa fille,
qui s'en étoit déjà retournée aux champs, et luy aiant
raconté ce qui c'était passé, et la fille en aiant fait son rapport à la Mère de Dieu, elle fut de rechef chargée de la
même commission. Mais la petite ne s'empressa pas tant
à l'exécuter, qu'elle ne prist point le loisir d'aller visiter son
sac et son pain, pour en faire part à son père qui luy en
avoit demandé. Cependant, le tout se gouvernoit par très
particulière providence du Ciel, qui la voulait faire témoin
et trompette, tout ensemble, de la merveille qui étoit
arrivée; car, au lieu d'une pièce de pain bis qu'elle avait
laissé, elle y rencontra un beau pain blanc, qu'elle porta à
son père, toute transportée d'aise, et le père, droit aux consuls sans y avoir touché.

« Pendant ce temps, la fille, par l'ordre de la sainte
Vierge, retourne en sa logette, et trouva la huche pleine
d'un pareil pain que la Bonne-Dame lui envoyait pour soulager ses parents dans leur extrême misère. Le bruit du
miracle s'étant répandu par toute la ville, le curé de Mont-
Léon fit entendre aux consuls le danger qu'il y aurait de
refuser l'honneur et la faveur que la Reyne du Ciel présentait à leur ville. Ainsi, la résolution prise, il se transporta avec
toute la ville, pour arborer la croix au lieu où la Mère de
Dieu s'était montrée à la fille, où, par la contribution des
personnes dévotes, fut, du commencement, bâtie une petite

chapelle et, du depuis, une fort belle église. Les miracles qui y furent faits, et qui, du depuis, ont toujours continué, nomémment aux personnes malades ou autrement incommodées en leur corps furent tels et en si grand nombre, qu'ils lui donnèrent le nom de Notre-Dame de Guérison, qu'en langage corrompu ils appellent Garaison. »

Anglèze de Sagazan, si merveilleusement favorisée du Ciel, entra au monastère de Fabas situé près de Garaison. Le couvent qui l'avait recueillie étant pauvre, la ville de Mont-Léon subvint à l'entretien de la bergère pendant les quarante-six ans qu'elle y vécut comme religieuse-professe. Anglèze y devint un modèle de toutes les vertus, édifiant la communauté par son humilité et sa douceur sans pareille ; son âme pure reflétait une paix que rien ne pouvait altérer. Fidèle imitatrice de sa divine Patronne, elle ne parlait des faveurs dont Dieu l'avait gratifiée que sur l'ordre de ses supérieures. Pendant les premières années de son séjour à Fabas, la supérieure du couvent lui permettait de faire, à de certaines époques, le pèlerinage de Garaison. Le peuple accourait en foule à sa rencontre pour la voir et afin d'entendre de sa bouche les détails de l'apparition ; chacun voulait emporter une relique de ses vêtements qu'on lui déchirait sans qu'elle pût s'en défendre, tant on était persuadé de sa sainteté. Les honneurs qu'on lui rendait blessaient par trop son humilité ; elle aima mieux se priver de revoir le sanctuaire où Marie l'avait comblée de ses dons que d'être entourée d'hommages qu'elle se croyait indigne de mériter.

On raconte que sa cellule était souvent resplendissante de lumière ; elle y mourut en 1589, la veille de la Nativité, en odeur de sainteté, âgée de plus de cent ans. Son corps y fut conservé jusqu'à la Révolution, où le couvent fut détruit et pillé. Une dame pieuse du diocèse de Toulouse recueillit les restes de l'humble bergère et parvint à les cacher ; au bout de quarante ans elle mourut et les légua à sa fille, Mme Figarol. Cette dame offrit de les rendre à Garaison, et, le 5 juin 1838, ces restes y furent transportés au milieu d'un concours immense de fidèles qui étaient venus en procession.

La tourmente révolutionnaire s'était appesantie dans toute sa fureur sur Garaison ; les prêtres indignement chassés, les autels renversés, les vases sacrés profanés, l'or, l'argent, les riches *ex-voto* livrés au pillage, les tableaux, les statues remarquables, les admirables sculptures la proie des flammes, l'église et les biens vendus au profit de la nation : telle fut l'œuvre de 93. Cette vallée tout empreinte des merveilleuses faveurs de Marie redevint un affreux désert ; à de rares intervalles, quelques dévoués pèlerins venaient en secret prier et gémir sur la chapelle en ruines.

L'ouragan révolutionnaire était à peine calmé que déjà les pèlerinages reprenaient leur cours. Le sanctuaire béni fut de nouveau rendu au culte ; il a retrouvé toute sa magnificence, et, comme autrefois, les pèlerins y affluent de toutes les parties du monde.

Rien n'est plus imposant et plus solennel que l'aspect de cette église ; à peine entré dans la cour silencieuse, un sentiment de profonde vénération saisit l'âme. On a devant les yeux la façade en marbre de la chapelle, délicatement sculptée et ornée de statues de saints de chaque côté. Au-dessus de la porte est un bas-relief qui représente la bergère Anglèze de Sagazan et les circonstances de l'apparition dont elle fut favorisée. Au-dessous est une statue de la Vierge d'une admirable beauté ; à ses pieds, on lit cette inscription : « Ici je répandrai mes dons. » Et au-dessus de sa tête ces mots : *Ecce mater tua.* Sur la gauche de l'église, dans un enfoncement, est un petit autel élevé dans l'endroit même où la sainte Vierge est apparue à la bergère. Au pied de l'autel est un puits dont les eaux ont la réputation de guérir miraculeusement les maladies. Dans une autre cour méridionale, une fontaine, encore nommée la Bergère, est surmontée d'une statue de Notre-Dame en marbre blanc. L'église est faiblement éclairée. Un vestibule antique mène dans la nef ; les arcades sont basses et les piliers massifs, dans le style normand. Les murailles sont couvertes de mosaïques et de tableaux très curieux. Le maître-autel est simplement orné. Le retable n'est remarquable que par une statue de Notre-Dame des Douleurs, ayant son divin Fils sur ses genoux.

Un pieux chroniqueur compare la statue qui domine la fontaine au serpent d'airain, dont la vue suffisait à guérir les plus affreuses morsures et à faire rentrer le courage dans le cœur des Israélites, et il ajoute : « Le pouvoir de guérir les maladies corporelles, que la sainte Vierge a conféré aux eaux de la fontaine à l'époque de son apparition, est un emblème des résultats merveilleux opérés par la grâce, en la guérison des âmes infirmes qui s'empressent ici pour y chercher un remède à leurs maux spirituels. La vertu de cette eau vient du Ciel. C'est par l'intercession de Marie qu'elle est efficace, et que la grâce est donnée si abondamment aux âmes en cet endroit. »

On raconte qu'une jeune fille nommée Peyrone Trajan, du village d'Arné, traversait sur une planche la rivière du Gers, enflée par de récentes pluies ; un coup de vent la précipita dans le torrent: mais, élevant ses mains jointes vers le Ciel, elle invoqua l'assistance de Notre-Dame de Garaison, et la vague, qui allait l'engloutir, la déposa saine et sauve sur le rivage.

Au moment où la neige engloutissait toutes les habitations du village Daulong, dans la vallée d'Aure, une fille nommée Jeannette Marton appela à son secours Notre-Dame de Garaison; au bout de cinq jours, elle fut retrouvée seule vivante sous les décombres.

Un ancien auteur mentionne un singulier événement qui est représenté dans un tableau précieux, au point de vue de l'antiquité, et qui se trouve sous le portique de l'église, faisant suite à une galerie de tableaux où toute l'histoire de Notre-Dame de Garaison est décrite.

« Un homme nommé Postal, de Toulouse, fut fait prisonnier par les Huguenots, pendant les guerres de religion. On ne le mit pas à mort sur-le-champ ; on ne lui demanda pas de rançon ; mais on résolut d'en faire un exemple, en le pendant très publiquement comme un malfaiteur. Le gibet fut érigé, la corde préparée, l'échelle dressée contre la potence. Le prisonnier monta sur l'échafaud, en invoquant la Vierge avec ferveur, tandis que sa mère, perdue dans la foule, faisait, en pleurant, un vœu à Notre-Dame de Garaison pour la délivrance de son fils. Ces deux prières réunies furent entendues; la corde cassa, et le condamné tomba sur le sol sans aucun mal. L'exécuteur et les spectateurs attribuèrent cette circonstance à un hasard, le bourreau recommença l'opéra-

tion. ¡La corde se rompit encore. Comme les spectateurs
étaient, pour la plupart, des Huguenots, ils ne voulurent pas
reconnaître en ceci un miracle et vociférèrent contre l'exécuteur, en l'accusant d'être le complice des catholiques.
Pour la troisième fois le nœud fatal fut attaché, avec un
redoublement de précaution, par le bourreau tremblant ;
mais la corde cassa de nouveau, et la fureur du peuple se
tourna contre l'exécuteur, qui fut chassé et poursuivi par les
Huguenots irrités. Alors un puissant personnage intervint et
obtint d'emmener le condamné, qui fut accompagné en
triomphe, par les catholiques, à Garaison, pour y offrir son
action de grâces. »

L'espace nous manque pour retracer les cures merveilleuses opérées à Notre-Dame de Garaison. Avant de termi-
ner nous raconterons un miracle plus récent inséré dans les
annales locales.

Mme Ferdinande Guilhez, de Paris, était depuis quinze ans
atteinte d'une maladie qui lui causait d'horribles souffrances.
Après avoir épuisé toutes les ressources de l'art, essayé de
plusieurs eaux thermales de France et de l'Étranger sans
avoir obtenu aucun soulagement, elle vint aux Pyrénées, où
elle eut occasion d'entendre parler des cures miraculeuses
qui s'obtenaient par l'intercession de Notre-Dame de Garaison ; elle se sentit pénétrée de foi et s'y rendit en pèlerinage,
accompagnée de son médecin. On la porta dans la chapelle,
où elle se confessa et fit usage de l'eau bienfaisante. Le
lendemain matin, elle reçut la communion avec une grande
dévotion ; à ce moment solennel, les douleurs et les convulsions cessèrent ; elle se sentit complètement guérie et aussi

forte qu'avant sa maladie. Depuis lors, elle s'occupe de l'intérieur de sa maison avec une activité et une énergie qui confirment hautement le prodige accompli en sa faveur.

Les fêtes de la sainte Vierge et surtout celle de la Nativité y amenèrent un nombre considérable de fidèles. On évalue à vingt-cinq mille ceux qui viennent en ce beau jour saluer l'auguste Reine du Ciel à son sanctuaire vénéré et boire à la fontaine miraculeuse.

Des missionnaires desservent ce sanctuaire; leur monastère est d'un côté enveloppé d'immenses bois, de l'autre séparé de la vie sociale par les landes. Tous les pèlerins en quittant Garaison gardent un sensible souvenir du dévouement et de la cordialité avec lesquels ils ont été accueillis par ces vénérables religieux.

C'est toujours avec un pieux regret qu'on s'éloigne de ce lieu béni, où Marie obtient tout de Dieu, et dont la pensée enlève de terre et transporte au Ciel.

X

NOTRE-DAME DE LA GARDE

(BOUCHES-DU-RHÔNE)

Notre-Dame de la Garde, dont la chapelle, du xiiie siècle, est bâtie sur la cime d'un rocher escarpé, aux portes de la ville de Marseille qu'elle domine tout entière, est un des plus anciens et des plus célèbres sanctuaires de la France et du monde entier.

En 1214, un pieux Marseillais nommé Pierre obtint du monastère auquel appartenait la montagne de la Garde l'autorisation d'y élever une chapelle à la Mère de Dieu et d'y construire une maison entourée d'un jardin. De grandes grâces étaient accordées par l'intercession de Marie à tous ceux qui venaient prier dans ce pauvre oratoire, et le nombre des pèlerins s'augmentait chaque jour.

En 1477, une belle église remplaça l'oratoire de Pierre et, cinquante ans après, François Ier la fit enfermer dans l'enceinte d'un fort qu'il fit élever sur le mont de la Garde.

Les citoyens reconnaissants ornèrent cette église d'une magnifique statue en argent représentant la Vierge qui tenait entre ses mains le Saint Sacrement exposé.

A l'époque de la Révolution, ce sanctuaire fut pillé et profané, la statue d'argent vendue aux Génois, qui la détruisirent.

L'ordre étant rétabli, le peuple gravissait en foule la sainte montagne; une statue de bois remplaça celle d'argent; et Notre-Dame, sensible à la dévotion de ses enfants, fit éclater, de nouveau, sa puissance et sa bonté par de nombreux miracles, attestés par les milliers d'*ex-voto* qui garnissent les murs de la chapelle depuis le haut jusqu'en bas.

Les Marseillais, désirant réparer la perte de leur ancienne Madone en argent, se cotisèrent pour en avoir une semblable.

Plusieurs personnages distingués s'associèrent à eux, et bientôt une magnifique statue, véritable chef-d'œuvre de

NOTRE-DAME DE LA GARDE

l'art, haute de deux mètres, fut exposée sur l'esplanade du Cours.

La bénédiction eut lieu le 2 juillet 1837, par le vénérable prélat de Marseille, alors âgé de quatre-vingt-neuf ans, au milieu d'un peuple immense. La riche statue fut portée en grande pompe à la cathédrale, où elle demeura deux jours. Le 4, la Vierge faisait son entrée solennelle au sanctuaire de la Garde.

Depuis ce temps, la dévotion des Marseillais à la bonne Mère n'a fait que s'accroître et, en reconnaissance de ses bienfaits, ils firent don à son sanctuaire privilégié d'une cloche pesant dix mille kilogrammes ; grâce au mécanisme de sa pose, ce superbe bourdon peut être mis en branle par quatre hommes seulement.

Plus de trente grosses lampes d'argent, avec quantité de branches de corail d'une grandeur extraordinaire, ornent le sanctuaire vénéré, où le très Saint Sacrement est exposé tous les samedis, depuis minuit jusqu'à midi.

De ce point si élevé, en vue des flots bleus de la Méditerranée qu'elle commande, l'Étoile des mers reçoit la dernière pensée, le dernier regard du marin qui s'éloigne de sa patrie, et, lorsqu'au milieu de l'Océan en courroux le navire est près de périr, c'est à sa Madone vénérée que le matelot plein de foi demande le secours dans le danger qui le menace ; c'est son image bénie qu'il oppose à la fureur de l'orage ; et la bonne Mère, Notre-Dame de la Garde, la Protectrice des matelots, fait succéder le calme à la tempête.

———

XI

NOTRE-DAME DU LAUS

(HAUTES-ALPES)

Sur un gracieux vallon, situé à l'est et à trois lieues de Gap, s'élève le sanctuaire de Notre-Dame du Laus avec sa flèche élancée et son élégant portique; le calme et la solitude de ce lieu béni, ainsi que le souvenir des bienfaits de Marie pendant deux siècles consécutifs, pénètrent l'âme et l'attendrissent.

Mgr Depéry, évêque de Gap, à qui cette colline était chère, y avait choisi par avance son tombeau et, dans sa tendre affection pour la Vierge du Laus, il avait semé à ses pieds les fleurs suaves de sa douce poésie.

C'est dans cette vallée obscure et déserte que la Reine du Ciel a voulu faire entendre sa voix et prodiguer les trésors de sa miséricorde. Des prodiges consignés dans les archives du pays ont présidé à la fondation de cet asile de paix, si loin de tous les vains bruits du monde, si sûrement abrité contre la fureur des tempêtes.

Celle qui devait être l'instrument des merveilles que nous annonçons se nomme Benoîte Rencurel, surnommée la bergère du Laus. Elle naquit le 29 septembre 1647, au village de Saint-Étienne d'Avançon, autrefois diocèse d'Embrun, d'où dépend le hameau du Laus. Ses parents étaient de pauvres cultivateurs, mais ils donnaient à leur enfant l'exemple de toutes les vertus. Benoite, dont la science se

bornait à celle du *Pater*, de l'*Ave* et du *Credo*, était la nature
la plus simple, la plus naïve et la plus douce qu'on puisse
voir; c'est ainsi que la sainte Vierge voulait l'enfant à qui elle
devait se manifester, afin qu'elle servît d'instrument aux volon-
tés de Dieu.

A l'âge de sept ans, Benoîte perdit son père, et peu
après, sa pauvre mère se vit dépouillée injustement du petit
domaine qui la faisait vivre avec sa jeune famille composée
de deux autres enfants; manquant de pain, elle fut dans la
cruelle nécessité de placer sa petite Benoîte pour garder les
brebis. La pauvre enfant emporta pour tout bagage son chapelet; sa mère lui avait parlé de la sainte Vierge, et elle l'aimait bien tendrement.

Une famine étant survenue, l'orpheline fut obligée, pour
gagner sa vie, de servir deux maîtres à la fois, qui la nour-
rissaient chacun pendant huit jours, et dont elle gardait les
moutons à tour de rôle. Ces deux maîtres la chérissaient et
ne lui trouvaient aucun défaut; sa présence était une bénédiction dans la maison et, le soir, lorsqu'elle rentrait au
logis, le calme y rentrait avec elle. Chaque matin au départ,
elle recevait un morceau de pain noir qui composait tout
son repas, et il arrivait souvent qu'en rencontrant un enfant
qui avait faim elle le partageait avec lui : ne possédant rien
autre, elle ne pouvait donner plus ; mais, en revanche, elle
avait des prières et des gémissements pour tous les malheurs,
pour toutes les afflictions ; plus le danger était pressant, plus
elle redoublait de supplications. Elle entraînait à l'église
toutes les petites filles de son âge qu'elle rencontrait sur son
chemin pour réciter ensemble le Rosaire, laissant son trou-

peau au soin de son bon ange. C'est ainsi qu'elle avait obtenu la guérison d'une pauvre femme gravement malade qui avait perdu la parole avant d'avoir pu appeler un prêtre. Elle parlait du bon Dieu avec une éloquence si naïve, si persuasive qu'elle allait droit au cœur ; c'est par cette foi si candide et par la pratique de toutes les vertus qu'elle est parvenue à convertir l'un de ses deux maîtres, homme brutal, colère, blasphémateur, dont la conversion éclatante édifia tout le pays.

En différentes circonstances, les anges la protégèrent, et il lui fut donné parfois de voir son ange gardien qu'elle traitait avec une tendre familiarité. Mais Benoîte, dont la simplicité seule pouvait excuser l'ambition, désirait ardemment voir la Reine du Ciel et, cependant, ce désir téméraire devait se réaliser.

Un jour la bergère conduisit son troupeau à la montagne Saint-Maurice, où il existait une petite chapelle en ruines, dédiée à ce saint qui est fort honoré dans les Alpes où s'est accompli son martyre ; elle en avait gravi le sommet dans l'espérance de pouvoir s'y désaltérer ; mais, saisie de respect à la vue de ces ruines, elle oublia sa soif et se prosterna pour réciter son chapelet. Pendant qu'elle priait ainsi, un beau vieillard drapé d'un ample manteau rouge portant une longue barbe blanche et coiffé d'une mitre lui apparaît et lui dit : « Ma fille, que faites-vous là ? — Je garde mon troupeau et je prie Dieu, répondit l'enfant sans se troubler, je suis venue jusqu'ici pour chercher un peu d'eau. Le vieillard se dirigea vers un puits qui était proche ; chemin faisant, elle lui demanda qui il était. « Vous êtes si beau, dit-elle, seriez-vous Jésus ? — Je suis Maurice. Et le saint ajouta : « J'étais honoré dans cette chapelle et la voilà croulant de toutes parts. Malheur à ceux qui en touchent les revenus ; ils en rendront compte à Dieu. Il faut que mon culte se rétablisse. » En parlant ainsi, il tirait de l'eau à la bergère et l'engagea à faire son petit repas ; celle-ci, dans sa naïve simplicité, offrit un morceau de son pain au vieillard, qui lui dit gravement : « Je ne vis point du pain de la terre. » Il resta quelques instants avec l'innocente enfant, satisfit à ses questions naïves, même à celle du nom qu'on donnait à ce qu'il avait sur la tête. Saint Maurice congédia la bergère en lui recommandant de ne plus ramener son troupeau en ces lieux, parce qu'ils faisaient partie d'un autre territoire, qu'elle allât plutôt dans le vallon de Saint-Étienne : « C'est là, ajouta-t-il, que vous verrez la sainte Vierge. » Pour lui donner une preuve de la vérité de ses paroles, il lui remet un bâton, en lui disant : « Vous verrez au bas de la montagne quatre loups sortir du bois et s'avancer vers votre troupeau ; menacez-les de cette arme, ils reculeront. »

Benoîte descendit la montagne avec son troupeau et, au bas, elle vit en effet les loups annoncés, les mit en fuite comme le saint le lui avait indiqué et rentra heureuse en pensant à la prédiction qu'il lui avait faite.

La petite chapelle de Saint-Maurice a été depuis relevée de ses ruines, et les peuples viennent en foule honorer le chef de la légion thébéenne.

L'apparition du martyr des Alpes n'était que le prélude des rapports mystérieux qui devaient s'établir entre l'humble bergère et l'auguste Reine du Ciel.

Le lendemain avant l'aube, Benoîte se lève encore toute
pénétrée de son entretien de la veille auquel elle n'ose ajou-
ter foi; son troupeau aussitôt en liberté se précipite joyeusement et de lui-même sur le chemin du vallon désigné
par le saint. A l'entrée du bois, il y avait une petite grotte
où la fille des champs se retirait quelquefois pour dire son
chapelet, pendant que ses brebis paissaient à l'entour. A
peine arrivée devant cette grotte, elle aperçoit une dame
d'une merveilleuse beauté, tenant par la main un enfant
doué d'une grâce ravissante ; une douce lumière les entourait
et semblait éclairer le vallon; une odeur suave de fleurs par-
fumées se répandait autour de la grotte. Un ineffable sourire
de l'auguste Dame rassura la fillette dont le cœur se remplissait d'un sentiment inexprimable ; une communication intime
et mystérieuse s'établit entre elle et la Dame; cette vision
l'absorbe tellement et lui cause une si grande joie qu'elle
oublie de demander à la Dame qui elle est, et ce n'est qu'aux
bêlements répétés de son troupeau qu'elle s'aperçoit qu'il est
l'heure de le ramener au bercail.

Rentrée chez son maître, Benoîte ne peut s'empêcher de
parler de la belle Dame, et, dans les transports qui l'animent,
les paroles lui manquent pour exprimer la joie qu'elle res-
sent. Des larmes de tendresse s'échappent de ses yeux et
ceux qui l'écoutaient se disaient entre eux : « C'est peut-être
la sainte Vierge. »

L'apparition se renouvela pendant près de quatre mois;
Benoîte goûtait le paradis sur la terre. La Dame mystérieuse
daignait l'instruire, elle lui donnait la connaissance des mystères du Ciel et lui apprenait à prier. Marie, dont la bonté est

sans bornes, traitait son élève avec une douce familiarité, lui demandant tantôt un mouton, que l'innocente enfant consentait à lui donner en le payant de ses gages, tantôt une chèvre magnifique que Benoîte aimait par-dessus tout, à cause de ses caresses et parce qu'elle la portait quand elle était lasse ou quand il fallait passer la rivière. « Belle Dame, dit-elle, la chèvre me fait besoin, et vous ne l'auriez pas pour trente écus. — Ma fille, lui dit la sainte Vierge, vous l'aimez trop, cette chèvre, et il vaut mieux réserver aux pauvres le pain et les raisins que vous lui donnez. » Marie, ne blâmant dans cette innocente affection que l'excès, lui dit de ne pas être contrariée, qu'elle pouvait garder sa chèvre, et elle ne lui en reparla plus.

Un jour que la bergère avait reçu, avec une douceur angélique, un soufflet de la maîtresse du logis accompagné de paroles injurieuses contre la belle Dame, ce qui fit verser à l'enfant un torrent de larmes, la sainte Vierge la consola et mit sa divine main dans celles de l'humble fille des champs. Un autre jour que celle-ci était accablée de fatigue, l'auguste Mère de Dieu lui permit de se reposer auprès d'elle et de dormir sur le bord de son manteau à franges d'or. Souvent elle l'envoyait à l'église Saint-Étienne prier devant le Saint Sacrement ; pendant ce temps, elle se chargeait du soin de son troupeau.

Benoîte, à qui la sainte Vierge avait appris ses propres litanies, s'empressa, sur la recommandation de la Dame, de les enseigner aux jeunes filles du village, et tous les soirs on entendait retentir les sublimes invocations qui, depuis, sont devenues la prière la plus chère de toute la vallée. Aujour-

d'hui encore, chaque messe dite à l'autel de Marie, est suivie des litanies. On les chante tous les samedis et tous les
dimanches ; les pèlerins qui arrivent au Laus les répètent, en
gravissant la montagne, sur un air charmant qui a la vertu
d'attendrir l'âme et d'arracher des larmes.

Un matin, il prit fantaisie à la maîtresse de Benoîte de
s'assurer par elle-même de la réalité de ces visions mystérieuses ; sitôt le départ de la bergère, elle prit un chemin de
traverse et arriva avant elle à la grotte, où elle se cacha sous
un rocher ; quelle ne fut pas sa surprise lorsque, un instant
après son arrivée, elle entendit une voix mélodieuse dire à la
jeune fille : « Votre maîtresse est là sous la roche. » Les
larmes succédèrent à la surprise, lorsque cette femme entendit la même voix énumérer ses fautes, ses vices et prononcer
ces paroles : « Son salut est en grand danger ; qu'elle fasse
pénitence, qu'elle donne aux pauvres le vin, la viande et le
bouillon qu'elle prend les jours de Pâques et de Noël ; qu'elle
se réduise au pain et à l'eau, et Dieu aura pitié d'elle. »

Elle se convertit sincèrement, et sa conversion commença
à convaincre ceux qui raillaient les visions de Benoîte.

Le bruit de ces apparitions mystérieuses se répandit au
loin ; un avocat de Gap, M. Grimaud, qui remplissait les
fonctions de juge de paix à Saint-Etienne, fut le premier
frappé de ces faits extraordinaires ; il fit subir de longs interrogatoires à la bergère et lui conseilla de demander à la
Vision qui elle était. Le lendemain, Benoîte revoit la Dame
plus majestueuse, plus aimable et plus éclatante de beauté
que de coutume ; les larmes dans les yeux et toute tremblante
dans la crainte de lui déplaire, elle ose lui demander son

nom. « Je suis Marie, Mère de Jésus, répondit avec bonté la gracieuse apparition ; mon très cher Fils veut que je sois honorée dans cette paroisse, mais non pas dans ce lieu. Dites à M. le prieur d'amener sa procession dans ce vallon. »

Le 29 août, jour de la Décollation de saint Jean-Baptiste, les habitants de Saint-Etienne se rendirent avec leur pasteur en procession à la roche des apparitions.

Tout le monde s'étant retiré, Benoîte resta seule en prières ; la sainte Vierge lui apparut et lui annonça qu'elle ne la reverrait plus en ce lieu. Plus tard, un oratoire fut construit sur l'emplacement de cette grotte bénie, qui a pris le nom de Notre-Dame-des-Tours.

Dans l'espoir de revoir sa céleste Protectrice, la bergère privilégiée conduisit son troupeau de l'autre côté du Laus ; mais elle attendit vainement pendant un mois, et l'on ne pourrait exprimer ce qu'elle souffrit de cette privation. Enfin, un jour que ses brebis paissaient dans la plaine, située sur la rive gauche de la Vence, elle aperçoit tout à coup sur le penchant de la colline opposée, appelée le Pindreau, Marie sa bonne mère, plus resplendissante que jamais. Benoîte s'élance de ce côté, traverse sans hésiter le torrent, suivie de son troupeau, et d'un bond se trouve auprès de l'objet de tous ses vœux. Elle lui fait de douces et amoureuses plaintes sur son absence prolongée. La Vierge la console et lui montre le chemin du Laus, en lui ordonnant de le suivre jusqu'à ce qu'elle ait trouvé, hors du bois, la chapelle de Bon-Rencontre, où il lui sera donné de la revoir bientôt.

La bergère prit le sentier indiqué, s'enfonça dans l'épaisseur de la forêt, courut plutôt qu'elle ne marcha ; mais, malgré de longues et fatigantes recherches, elle ne découvrit point la chapelle. La nuit approchait, et c'est en pleurant qu'elle se décida à ramener son troupeau à la bergerie.

Benoîte dormit à peine ; et avant l'aurore elle parcourait déjà le chemin désiré. Après plusieurs heures de marche, elle aperçut enfin, à travers les pins, une petite chapelle couverte de chaume, à demi ruinée et ouverte à tous les vents.

La chapelle dont il est question avait été bâtie en 1640.

Le Laus étant un hameau éloigné d'une demi-lieue de la paroisse de Saint-Étienne, on y disait la messe quand l'exigeaient les besoins des habitants. Elle n'avait que huit pieds carrés ; un autel en maçonnerie, deux chandeliers de bois et un ciboire en étain composaient toute la richesse de cet humble oratoire.

C'est sur ce pauvre autel que la Reine du Ciel daigna faire entendre sa voix harmonieuse. Arrivée sur le seuil de la chapelle, Benoîte, pleine de joie et de frayeur, s'arrête éblouie ; elle aperçoit, debout sur l'autel, tout entourée de lumière, sa céleste Dame, dont l'air de bonté enhardit la bergère. Elle entra dans la chapelle et s'agenouilla dévotement. La première parole de Marie est pour consoler son enfant. « Une autre fois, lui dit-elle, il ne faudra pas pleurer. » Et Benoîte ne l'appelait plus que sa bonne Mère. La jeune fille, s'étant relevée, vit le pauvre autel tout couvert de poussière ; détachant aussitôt son tablier « bien blanc », elle dit avec une naïve simplicité :

— Ma bonne Mère, permettez-moi d'étendre mon tablier sous vos pieds, pour les garantir de la poussière.

— Non, mon enfant, répondit la sainte Vierge, gardez

votre tablier ; cet autel et cette chapelle sont pauvres ; mais vous les verrez bientôt pourvus de tout ce qui est nécessaire pour y célébrer le saint sacrifice. On y bâtira une église, qui sera de la longueur et de la largeur que je désignerai, où l'on viendra de toutes parts écouter la parole de Dieu, et tous ceux qui m'y invoqueront avec foi seront exaucés. C'est là que vous me verrez très souvent.

Cela dit, la Vierge disparut. On était alors à la fin de septembre 1664 ; Benoîte avait dix-sept ans ; c'était une gracieuse fille, pleine de candeur et de simplicité, édifiant tout le monde par ses vertus.

Tous les jours que son devoir et les neiges pouvaient le lui permettre, elle se rendait à l'humble chapelle du Laus, passant des heures silencieuses et pleines d'attraits aux pieds de sa bonne Mère, qui la préparait graduellement à la future mission à laquelle elle la destinait. Benoîte, tout imprégnée des enseignements divins, ne cessait de prier pour les pécheurs, dont la conversion devait être plus tard un des principaux fruits du pèlerinage du Laus. Les filles d'Avançon, entraînées par l'exemple de la bergère, se rendaient au Laus pour y chanter les litanies de la sainte Vierge et des cantiques.

Le printemps suivant, les pèlerins affluaient à la chapelle de Bon-Rencontre, et l'on y compta jusqu'à trente-cinq processions en un seul jour du mois de mai ; des malades, des infirmes y recouvrèrent la santé ; chaque jour l'affluence redoublait. Le bruit des apparitions s'étendait au loin ; des provinces éloignées et même de l'Espagne on venait au petit sanctuaire miraculeux implorer Notre-Dame du Laus.

Le vicaire général du diocèse d'Embrun s'y tran
interroger la bergère sur ces apparitions dont t
était ému.

Dès que Benoîte apprit qu'on la cherchait, elle s'
le bois comme une biche effarouchée ; mais, pend
y priait, sa bonne Mère vint à elle et lui dit
craindre ; tout à fait rassurée, elle alla au-devan
vicaire, qui fut frappé de la simplicité et de la net
réponses ; il la renvoya en paix. Une guérison m
opérée presque aussitôt et sous ses yeux en fit un
zélés protecteurs du sanctuaire.

Pour commencer à remplir sa mission, Benoîte se
au nom de la sainte Vierge devant le nouvel ar
d'Embrun, Mgr de Genlis ; elle lui dicte des devoirs
et le menace des châtiments du Ciel s'il n'obéit pas.
tife par son silence adhère aux paroles de la bergèr

« Je viens, dit-elle ensuite à un vicaire général de M
de la part de la sainte Vierge, vous avertir que vo
dans l'esprit des choses qui, de la manière dont
avez projetées, ne sont pas agréables à Dieu. » Ben
indique alors la marche qu'il doit suivre dans ses
Frappé d'étonnement et d'admiration en entendant di
des choses qu'il ne croyait connues que de lui se
ecclésiastique publie hautement que l'esprit de Dieu es
cette sainte fille et rend grâces à la sainte Vierge qui
a envoyée.

M. de Saix, gouverneur de Gap, la consulta dans sa
die ; elle lui apprit qu'il ne se relèverait pas, ce qui se
fia comme elle l'avait dit.

La vertu miraculeuse qui opère au sanctuaire du Laus se répand au loin, sur les faibles et sur les pauvres qui ne peuvent franchir les distances ; Marie dans sa bonté leur épargne du chemin et, jusque sur l'Océan irrité, elle se montre propice aux marins qui l'invoquent.

Benoîte reçoit de sa bonne Mère, ainsi qu'elle l'appelait toujours, la promesse que ceux qui se serviront avec foi de l'huile qui brûle devant son autel seront guéris ou grandement soulagés.

Ce baume merveilleux, qui ne coûte qu'une prière, est envoyé dans toutes les parties du monde ; sa vertu curative est prouvée par des milliers de lettres authentiques et par de nombreux *ex-voto*.

Le modeste oratoire du Laus avait été un peu réparé de son extrême délabrement par quelques dons offerts en reconnaissance des grâces obtenues. Les pèlerins se pressaient autour de l'enceinte vénérée, attendant le moment de pouvoir y entrer ; la chapelle pouvait à peine contenir douze personnes, et il fallait rester quelquefois longtemps exposé aux brusques changements de la température si variable dans ces montagnes. Pierre Gaillard, aumônier du roi, touché de compassion pour cette foule de fidèles dont la colline était couverte, s'entendit avec le vicaire général d'Embrun pour la construction de la nouvelle église et se chargea d'en faire activer les travaux.

Sans en avoir connaissance, il donna à l'édifice la mesure marquée par la sainte Vierge, Benoîte ne le lui dit que longtemps après.

Mgr l'archevêque d'Embrun, en reconnaissance de sa gué-

rison obtenue par l'intercession de Notre-Dame du Laus, fit construire à ses frais le portail de l'église. Une pauvre femme de Briançon qui ne possédait qu'un louis d'or en avait fait don avant tous pour le sanctuaire, et sa générosité ne manqua pas d'imitateurs. Les terrassements terminés, une difficulté paraissait insurmontable, celle du transport des matériaux dans un lieu inaccessible aux chars ; on ne pouvait donc songer qu'aux blocs de pierres et aux cailloux que recelaient les immenses torrents qui limitent le Laus.

Les paysans, les pèlerins offraient avec empressement leurs bras et leurs épaules ; des processions entières remontaient la pente rapide du ravin chargé chacun d'une pierre proportionnée à ses forces ; les enfants même étaient heureux d'en porter de petites ; et ces dévots à Marie gravissaient la sainte montagne pieds nus, avec leurs précieux fardeaux qu'ils arrosaient de leur sueur et de leurs larmes.

« L'église de Notre-Dame du Laus, raconte un ancien historien, s'est bâtie au chant des hymnes et des psaumes ; les mains des pauvres en ont assemblé les matériaux, les aumônes en ont creusé les fondements, la Providence en a élevé les murs, et la confiance en Dieu l'a achevée. »

Benoîte présidait aux travaux, préparait le repas des ouvriers et faisait la prière avec eux ; tant que durèrent les constructions, on n'entendit aucun blasphème.

Cette église, telle que la sainte Vierge l'a voulue, existe encore aujourd'hui ; elle est tout à la fois élégante et modeste, et surtout empreinte d'un caractère religieux qui pénètre l'âme.

Après l'église, on s'occupa de la maison des missionnaires

qui devaient desservir le sanctuaire et d'une hôtellerie pour les étrangers. La Providence a eu soin de pourvoir successivement à tous les besoins.

Nous ne pourrions raconter ici les innombrables miracles et les conversions éclatantes obtenues par l'intercession de Notre-Dame du Laus, qui se plaît à dispenser sur tous ceux qui l'invoquent les trésors de la grâce.

L'humble bergère n'a cessé d'être l'ambassadrice et l'instrument de la Reine du Ciel ; elle aidait puissamment à la conversion des pécheurs et avait le don de lire dans les consciences comme dans un livre ; aussi lui arrivait-il souvent de rappeler au coupable des fautes qu'il avait complètement oubliées. Elle découvrait bien des secrets ; le passé, le présent, les lieux, les personnes, elle voyait tout, jusqu'aux plus petits détails. Cette vertu était si connue du public qu'après s'être confessé on allait en toute simplicité à elle, pour lui demander si on n'avait rien oublié. On raconte qu'un jour une demoiselle, s'adressant à elle pour avoir un confesseur, ajouta qu'elle aurait bientôt fait. « Comment, répond Benoîte, vous aurez bientôt fait ? Mais il n'y a pas tant de plis à votre cotillon qu'il y en a à votre conscience. » La demoiselle, honteuse et mortifiée de cette réponse, se fut se plaindre amèrement à l'abbé Peythieu. « Prenez garde, dit le bon prêtre, que Benoîte n'ait dit vrai. » Elle convint, en effet, qu'elle avait bien des choses à se reprocher, mais qu'elle les réservait à un autre confesseur. En ne se confessant qu'à demi, elle était donc dans la disposition de profaner les sacrements.

Benoîte arrêtait doucement au passage les personnes qui

allaient à la sainte table et qui n'étaient pas dans les dispo-
sitions requises, les unes parce qu'elles n'étaient plus à jeun,
les autres parce qu'elles ne s'étaient jamais bien confessées
ou qu'elles avaient manqué de contrition en se confessant ;
ces avertissements étaient pris par tous comme venant du
Ciel. Plusieurs lui demandaient s'ils avaient du bien mal
acquis et se conformaient à toutes les restitutions qu'elle
leur marquait.

Une mère affligée, dont le jeune enfant a disparu sans qu'on
ait pu découvrir ses traces, vient de Lyon pour demander
avec larmes à la protégée de Marie des indications sur le
sort de son enfant ; Benoîte répond que le pauvre petit a été
enlevé pour être étouffé et servir à des maléfices, mais qu'il
vit encore ; et elle indique à la mère le bouge infecte du
faubourg de la Guillotière où elle doit le retrouver.

Une femme, dont le mari est parti depuis longtemps pour
l'étranger et qu'elle croit mort, demande à la bergère si elle
peut se remarier. « Non, lui répondit-elle, votre mari est vivant,
et il reviendra. » Le retour de cet homme justifia la prédiction.

Un jour Benoîte frappe avec empressement à la porte d'un
confessionnal entouré de beaucoup de monde et montre au
confesseur, parmi ceux qui attendent, un homme qu'il faut
confesser immédiatement ; ce qui fut fait sur-le-champ. Cet
homme mourut en sortant du confessionnal.

Une autre fois, voyant une femme qui, après avoir fait son
pèlerinage, se disposait à retourner chez elle, Benoîte l'aborde
et lui recommande instamment de ne pas s'arrêter en route...
C'est que son heure était proche et qu'elle serait morte loin

de sa famille. Lorsque la mère de Dieu ordonna à sa fidèle servante de suivre le sentier de Laus jusqu'à ce qu'elle ait trouvé hors du bois une petite chapelle où il lui sera donné de la revoir bientôt, elle ajouta : « Vous la reconnaîtrez aux suaves parfums qui s'exhaleront de sa porte. » Ces odeurs divines, particulières au sanctuaire de Laus, étaient accessibles à tous les pèlerins ; elles étaient quelquefois si intenses qu'elles se répandaient au dehors. Ce doux parfum, au dire de chacun, remplissait l'âme d'une joie singulière. C'était une merveille entre bien d'autres qui achevait de convaincre les incrédules.

Benoîte, dont l'odorat très pur est sans cesse embaumé des senteurs du Ciel, surtout pendant les visites que daigne lui faire son auguste Reine, distinguait les pécheurs à l'infection qui s'exhalait de leur personne ; elle en profitait pour plaider leur cause auprès de la Mère de miséricorde et se livrait aux plus dures austérités pour obtenir leur pardon.

La bergère du Laus vécut longtemps en butte aux contradictions, à l'hypocrisie et à l'acharnement des malveillants, qui, par leurs intrigues et leurs mensonges, voulaient arrêter l'élan universel et anéantir le pèlerinage.

L'autorité ecclésiastique même n'épargna ni les reproches ni les menaces à la naïve et patiente bergère, qui put les convaincre que le pèlerinage du Laus était l'ouvrage de Dieu et de sa sainte Mère.

Benoîte, retirée près de Notre-Dame du Laus, passait ses jours dans la prière, dans l'humilité et dans l'exercice de la charité, sans avoir rien perdu de son angélique candeur. Après avoir fourni une carrière comparable en tout à celle des plus grands saints, elle mourut le jour des Innocents, en 1718, à l'âge de soixante et onze ans trois mois. Son corps fut enterré au centre du sanctuaire, et sur sa tombe on a gravé l'inscription suivante : « Morte en odeur de sainteté. »

Depuis sa mort, Notre-Dame du Laus n'a cessé de répandre ses faveurs les plus signalées sur tous ceux qui l'ont visitée dans son sanctuaire béni. Pendant les plus mauvais jours de la Révolution, on continuait de venir en pèlerinage et on s'agenouillait devant le saint portique. Marie, en exauçant les veux de ses courageux serviteurs, prouvait qu'elle habitait encore dans son sanctuaire quoique fermé. Dès que les églises furent rouvertes, un concours prodigieux de pèlerins venus de toutes les parties du monde s'empressèrent d'aller rendre leurs hommages à Notre-Dame du Laus et de déposer à ses pieds leurs offrandes et leurs supplications.

En 1844, Mgr Depéry, évêque de Gap, ayant fait un voyage à Rome, entretint longuement le Souverain Pontife Pie IX des merveilles du Laus ; il le fit avec tant d'onction, tant de cœur que le Saint-Père, dans l'élan de son amour pour Marie, s'écria : « Moi aussi, je voudrais faire quelque chose pour honorer Notre-Dame du Laus ! » Il offrit aussitôt des diadèmes d'or enrichis de pierres précieuses. Ne pouvant venir lui-même en couronner la sainte Vierge et son divin Enfant, il désigna Mgr Depéry pour accomplir en son nom cette imposante cérémonie. « Elle eut lieu, dit un témoin oculaire, l'historien des merveilles de Notre-Dame du Laus, un beau jour du mois de Marie, comme les montagnes reprenaient leur parure et que la végétation naissante mêlait ses émanations balsamiques à celles des fleurs nouvelles ; les avenues du Laus étaient littéralement couvertes de pèlerins qui arrivaient de tous les points à la fois, avec leurs habits de fête, la joie dans le cœur et des chants sacrés sur les lèvres. Toutes les Alpes étaient là, et jamais en aucun temps on ne vit pareil concours. Les bannières conduisant les diverses processions venaient se ranger autour d'un trône de fleurs élevé en plein air, sous les arceaux de verdure, à Celle qui a rempli le vallon de ses divines odeurs. L'église, du reste, ne saurait contenir une pareille assemblée. Un autel se dresse devant le trône de la Vierge admirable, et le divin sacrifice va s'accomplir sous la voûte des cieux. On ne sait quoi le plus admirer dans le concours, ou le nombre des pèlerins, ou ce concert de chants qui s'élèvent de toutes parts, ou la variété des costumes. Sept pontifes vénérables sont accourus de différents diocèses. Fidèle à ses antécédents, la ville de Gap s'est distinguée dans ce concours : elle a prodigué les guirlandes, les fleurs, les cantiques ; et jamais si longue procession n'est sortie de ses murs pour franchir la montagne...

Le délégué du pape s'avance sur le bord de l'estrade et, tourné vers le peuple, il lui explique le sens de la cérémonie. Le cardinal-archevêque de Bordeaux offre le saint sacrifice et, s'arrêtant après l'Évangile, électrisé, à son tour, par cette magnifique assemblée... il parle de Marie, il publie ses grandeurs. Le peuple lui répond en chantant le *Credo* tout d'une voix. Trente-cinq mille âmes font retentir la magnifique profession de foi, qui ébranle la solitude comme les roulements du tonnerre.

« Le divin sacrifice est accompli. Les prélats, la crosse à la main, la mitre en tête, s'avancent, précédés des couronnes, vers le trône de Marie. Le délégué du pape prononce les oraisons prescrites par le cérémonial. Le moment solennel est venu. Un profond silence se fait... Après quelques secondes, où chacun retient pour ainsi dire sa respiration, un frisson de bonheur court dans l'assemblée ; on sent que quelque chose de divin vient de s'accomplir... Marie est couronnée par l'Église ! Les cloches et les instruments de musique éclatent à la fois ; et le peuple chante : *Regina Cœli, lætare :* « Reine du Ciel, réjouissez-vous !... » Il se réjouit lui-même en modulant la belle antienne, dont les notes et les paroles expriment si bien les saintes allégresses d'une assemblée de chrétiens devant la Reine du Ciel et du Laus.

« Un nouveau silence s'établit. Une voix de père et de pasteur prie : c'est Mgr l'évêque de Gap se consacrant à Marie, lui consacrant tout son clergé et tout le diocèse et conjurant le Ciel, au nom de ce couronnement qui a dû lui plaire, de bénir les Alpes, la France, l'armée et le chef de l'État...

« A l'heure des vêpres, le sacrifice du soir, complément nécessaire d'une si belle journée, est présidé par un noble exilé, Mgr l'archevêque de Turin, qui, de la place qu'il occupe en ce moment, peut voir blanchir à l'horizon les sommets élevés des montagnes de son cher diocèse et de son infortunée patrie. Après le chant des psaumes, un orateur s'avance sur le bord de l'estrade et regarde le peuple. — Le peuple croyait que le spectacle était tout sous les arceaux de verdure et tout pour lui. Il ne se doutait pas que lui-même, vu du point où il portait ses regards, était un magnifique spectacle. M. Reynaud, vicaire général d'Aix, va le lui apprendre :

« Les grands concours, dit-il, lorsque c'est la foi qui en est le mobile et qui les produit, ont toujours été regardés comme un témoignage glorieux... Et voilà pourquoi, mes frères, frappé jusqu'au ravissement du magnifique spectacle que présente l'immense multitude qui se presse en ce moment autour de Marie, j'ai dû la signaler comme la première gloire que lui donne cette fête. Quelles louanges, quels panégyriques pourraient en effet valoir à cette Reine des Cieux et du monde une plus grande glorification ? Que vous êtes innombrables ici, mes frères ! Et c'est le nom de Marie qui vous a amenés !... Tout est dit et je pourrais déjà me taire... Marie est grande, et ses grandeurs sont assez racontées. Si vous regardiez, vous ne m'écouteriez plus. Dans l'extase de votre admiration, vous seriez tout entiers à la contemplation de cette ravissante scène et du sublime concert qui, du sein de vos rangs pressés, envoie au cœur de Marie ses mélodies mystérieuses. Et vraiment, lorsque je vois les flots de cette assemblée se répandre à une distance qui désespérerait le plus puissant organe, je me console de ne pouvoir faire arriver ma faible voix jusqu'à vos rangs les plus reculés, en pensant que le coup d'œil, que le seul aspect de cette immense assistance a pour eux une éloquente voix, qui parle, les émeut, les transporte, les béatifie.

« Oh! ce spectacle ne peut être donné que dans le Ciel dont il nous présente une image. Non, mes frères, vos multitudes en ces lieux aimés de Marie ne peuvent être comparées qu'aux multitudes d'anges et d'élus qui s'empressent perpétuellement autour de son trône céleste. C'est vraiment ici une vision de l'immensité ! et je ne crains pas de dire que vous accomplissez un des plus mémorables actes de rivalité de la terre avec le Ciel pour glorifier la Vierge Marie. »

« La bénédiction du Saint Sacrement vint mettre fin à cette fête digne du Ciel et faire déborder de bien des cœurs les émotions de la journée. Que de douces larmes ont coulé pendant que les têtes se courbaient sous l'Eucharistie ! On songeait au départ... et on se trouvait si bien là que chacun eût voulu y rester et mourir. Aussi plusieurs n'eurent pas le courage de s'éloigner, ils voulurent finir la journée sur ces lieux où elle avait commencé si belle et passer une nuit au Laus. Au Laus, toutes les nuits sont belles ; celle-ci l'emporta sur toutes. Des feux de joie brillaient sur les montagnes ; toutes les maisons des villages étaient illuminées ; l'église scintillait de feux au dedans et au dehors : une procession aux flambeaux se déroula plus nombreuse que jamais dans les sentiers tortueux du vallon, et jamais le sommeil ne fut plus doux sur les dalles de l'église de la sainte Vierge. »

Cette belle et touchante cérémonie resta gravée dans tous les cœurs ; les pèlerins se retirèrent pénétrés de reconnaissance envers le saint Pontife Pie IX et son délégué Mgr Depéry. Ce pieux prélat combla de riches présents le sanctuaire du Laus ; il fit relever de ses ruines la pauvre maison où était née Benoîte. Elle est maintenant une école pour les petites filles, en même temps qu'une pharmacie pour les pauvres ;

elle renferme aussi une bibliothèque instructive et édifiante pour toute la contrée. L'alcôve où dormait l'enfant privilégié de Marie a été transformée en une délicieuse chapelle où des messes se disent tous les samedis.

Le souvenir des bienfaits de Notre-Dame du Laus vit encore dans tous les cœurs ; et ceux qu'elle se plaît à répandre chaque jour sur tous les fidèles qui l'invoquent donnent l'espérance que jamais son sanctuaire béni ne sera oublié et ses sentiers abandonnés.

XII

NOTRE-DAME DE LIESSE

(AISNE)

L'origine de la madone qui décore le sanctuaire de Liesse est toute merveilleuse ; elle a été apportée de la Terre Sainte par trois seigneurs d'Eppe, chevaliers de Jérusalem, au XIIe siècle ; la tradition s'en est conservée non seulement en France où elle se trouve, mais encore dans la Terre Sainte et dans les archives des chevaliers de Malte.

Voici, d'après Orsini, l'histoire de cette tradition, qui porte un cachet oriental très prononcé :

« Foulques d'Anjou, roi de Jérusalem, ayant rebâti, à quatre lieues d'Ascalon, la forteresse de Bersabée, pour protéger la frontière de son royaume contre les courses des

Sarrasins, en confia la garde aux braves et pieux chevaliers de Saint-Jean de Jérusalem. Cette vaillante garnison était souvent aux prises avec les infidèles, qui tenaient l'ancien pays des Philistins pour le soudan d'Égypte. Un jour les chevaliers de Saint-Jean, au nombre desquels se trouvaient trois frères de l'ancienne et opulente maison d'Eppe en Picardie, tombèrent dans une embuscade et, malgré des prodiges de valeur, furent pris et chargés de fers par les Musulmans qui les envoyèrent en Égypte. Les sires d'Eppe avaient la mine haute, la stature élevée et le port héroïque des anciens preux du Nord de la France. Le soudan les distingua tout d'abord dans la foule des chrétiens et, voulant les attacher à la cause de son faux prophète, il débuta par les jeter dans un cachot pour leur amollir le courage et fit briller ensuite à leurs yeux la perspective la plus séduisante, afin de les entraîner à l'apostasie. Les trois guerriers, qui avaient été inaccessibles à la crainte, furent sourds au bruit de l'or et à la voix de l'ambition. Le soudan, trompé dans ses espérances, leur envoya les plus fameux imans, afin d'argumenter avec eux sur la Foi ; les bons chevaliers, en haine de l'islamisme, devinrent tout à coup des théologiens subtils et défendirent aussi bien le christianisme dans la dispute qu'ils l'avaient souvent fait l'écu au bras et la lance au poing. Le soudan se crut engagé d'honneur à vaincre les captifs et, son obstination croissant à proportion de la résistance, il jura que les chevaliers de Saint-Jean suivraient l'étendard du prophète, dût-il lui en coûter la moitié de l'Égypte. Il avait une fille belle, chaste, accomplie et digne en tout de suivre une meilleure croyance ; il l'envoya dans le cachot où les

chevaliers francs languissaient dans les chaînes et la chargea
de leur faire une peinture affreuse des supplices qu'on leur
préparait. Les chevaliers reçurent la princesse avec tous les
témoignages de respect qu'on prodiguait alors aux dames;
mais ils repoussèrent ses insinuations avec le courage déterminé d'hommes qui acceptent le martyre et lui expliquèrent
leur croyance d'une manière si persuasive que la jeune musulmane se prit à rêver et à réfléchir sur le Christ et sur sa
bienheureuse Mère. Une image miraculeuse et rayonnante de
Marie, que les anges apportèrent, dit-on, aux pieux champions de la foi chrétienne, acheva la conversion de la jeune
infidèle. Une nuit qu'elle avait gagné à prix d'or les gardes
des trois guerriers francs, elle pénétra dans leur prison avec
une cassette pleine de pierreries et se sauva avec eux du
palais de son père.

« Après avoir traversé le Nil dans une barque préparée
pour les recevoir, les fugitifs se dirigèrent du côté d'Alexan-
drie, espérant peut-être se cacher temporairement dans les
monastères cophtes de la solitude de Saint-Macaire; mais,
après quelques heures de marche, la princesse épuisée de
fatigue désira se reposer un instant, et, malgré l'imminence
du péril, les trois chevaliers de Saint-Jean, résolus de faire
bonne garde la firent asseoir dans un champ de doura en
pleine verdure et s'assirent eux-mêmes à une distance res-
pectueuse. La princesse s'assoupit, et ses compagnons de
voyage, après avoir lutté, mais en vain, contre la somno-
lence qui succédait à de longues nuits sans repos, s'endor-
mirent profondément.

« Nul ne sait combien de temps dura leur sommeil. Le

chevalier d'Eppe, l'aîné des trois, fut le premier qui se
réveilla ; le soleil commençait à dorer la cime des arbres
où l'on entendait le doux chant des oiseaux. Le seigneur
croisé considéra le paysage avec une vive surprise. Il s'était
endormi en vue du Nil et des pyramides, sous les branches
en éventail d'un palmier, et il se réveillait sous un chêne aux
rameaux noueux, au bord d'une source limpide, sur le plus
frais gazon semé de marguerites blanches; peu loin de là,
les tours rondes et noires d'un vieux château baronial lui
rappelaient le manoir où il avait laissé sa mère tout en
pleurs à son départ pour la Terre Sainte. Un pâtre qui menait
ses moutons aux champs le tira d'incertitude ; le château
qu'il voyait, c'était son propre château de Marchais, et il se
réveillait en Picardie, sous l'avenue que ses pères avaient
plantée. Il bénit la Vierge secourable et réveilla ses compagnons dont l'étonnement fut pareil au sien.

« L'image de la Vierge leur était restée : ils bâtirent une
belle église pour l'y déposer, et la princesse musulmane
reçut le baptême dans la cathédrale de Laon. »

Des miracles éclatants et authentiques donnèrent au
pèlerinage de Notre-Dame de Liesse une grande célébrité.

D'illustres pèlerins voulurent offrir à la Reine du ciel
leurs hommages et leurs dons ; plusieurs vinrent implorer
son appui pour gouverner sagement et paternellement leurs
peuples.

. Nous voyons figurer sur la liste les noms du duc de
Bourgogne, de Louis II de Bourbon, prince de Condé, du
duc de Mercœur, du prince Albert-Henri de Ligne, de
madame Henriette-Françoise de France, reine d'Angleterre,

des princes de Longueville, de Louis, duc d'Orléans, frère de Charles VI, de Charles VII, du roi René, de Louis XI, de François Ier, de Henri II, de Charles IX, de la reine Marie de Médicis, de Louis XIII, de Louis XIV, d'Anne d'Autriche, etc.

Quelques-uns de ces éminents personnages, non contents de laisser de riches présents à Notre-Dame de Liesse, y placèrent leur statue; celle de Louis II de Bourbon, prince de Condé, était d'or d'un grand travail.

Marie d'Arquin, alors grande maréchale de Pologne, qui plus tard porta le titre de reine, vint au sanctuaire de Liesse, en 1671, et offrit à la sainte Vierge une statue d'argent représentant son fils encore enfant, le prince Alexandre Sobiesky, avec une chaîne d'or enrichie de diamants, pour témoigner qu'elle le vouait à Marie comme son esclave.

Les Huguenots firent main basse sur toutes les richesses que renfermait le sanctuaire de Liesse et, plus tard, les révolutionnaires vinrent glaner le reste.

Ce sanctuaire béni fut reconstruit presque en totalité à la suite d'un vœu de la Mère de Soyecourt, supérieure des religieuses Carmélites établies à Paris, rue de Vaugirard, dans l'ancienne maison des Carmes, où, en 1792, de généreux confesseurs de la foi ont été massacrés.

La Mère de Soyecourt, à cause de son attachement aux principes et décisions de l'Église, avait été envoyée en exil à Liesse, sous l'Empire, et on lui avait assigné pour demeure l'hôpital de ce bourg. Au bout de deux ans de captivité, la Mère de Soyecourt fit vœu à Notre-Dame, si la liberté lui était rendue par sa médiation, de faire rebâtir son église qui tombait en ruines. Le même jour et à la même heure, un de ses neveux, combattant à côté de l'Empereur, le préserva d'un boulet de canon. Napoléon Ier lui offre aussitôt une récompense. Le généreux jeune homme refuse tout, mais demande et obtient la grâce de sa tante.

La vénérable Mère de Soyecourt s'empressa d'accomplir son vœu et assista à la cérémonie de la dédicace, ne voulant point s'éloigner du sanctuaire de Marie qu'elle n'eût donné à sa chère libératrice cette dernière preuve de reconnaissance.

La chapelle de Liesse attire encore aujourd'hui un grand concours de pèlerins. Quant aux habitants du pays, rien n'égale leur confiance envers leur auguste Patronne ; ils ne cessent de lui rendre des honneurs, et Marie, n'étant point avare de ses bienfaits, leur fournit souvent la douce occasion de lui témoigner ouvertement leur reconnaissance.

XIII

NOTRE-DAME DE LOURDES

(HAUTES-PYRÉNÉES)

A la jonction de quatre vallées, sur un point culminant, s'élève l'ancienne ville de Lourdes ; ses environs sont des plus pittoresques ; son vieux château est toujours là, solidement assis sur l'énorme rocher au pied duquel coule le Gave, torrent rapide aux eaux écumantes, qui poursuit sa course impétueuse jusque dans le département des Basses-Pyrénées.

Sur la rive gauche, à peu de distance de la ville et à l'extrémité d'une île verdoyante formée par le Gave, on aperçoit les rochers de Massabielle ; ces masses imposantes, d'une beauté sauvage, n'étaient guère fréquentées que par les pêcheurs et les pâtres, qui, surpris par l'orage, venaient y chercher un abri ; une grotte creusée par la nature elle-même à la base de ces rochers escarpés leur servait de refuge.

Au-dessus de cette grotte, se voyaient deux autres excavations, dont l'une avait la forme d'une niche, et au bord de laquelle se trouvaient enlacées des branches d'églantiers ; c'est dans cette niche rustique que l'auguste Reine du Ciel a daigné faire paraître un rayon de sa gloire et a fait éclater des prodiges de bonté et de miséricorde.

Nous allons essayer de retracer dans toute sa simplicité l'histoire de ces faits merveilleux.

En 1858, il y avait à Lourdes une honnête et pauvre famille ; le père, appelé François Soubirous, gagnait péniblement, par un travail journalier, le pain de ses quatre enfants ; la femme, de son côté, le secondait de tout son pouvoir et, cependant, la misère régnait sous leur toit : ces braves gens supportaient leurs maux avec une résignation toute chrétienne. L'aînée de la famille, nommée Bernadette, venait d'atteindre sa quatorzième année ; c'était une enfant frêle, chétive, souffrant d'un asthme qui lui faisait éprouver souvent de cruelles oppressions. Sa mère l'avait mise en nourrice à Bartrès, petit village voisin de Lourdes ; quand elle voulut la reprendre, la nourrice en eut un si grand chagrin qu'on décida que la pauvrette resterait à Bartrès, occupée à la garde des brebis et qu'elle ne coûterait rien à ses parents.

Bernadette, de grand matin, conduisait son troupeau dans des lieux solitaires; elle emportait son modeste repas et ne rentrait que le soir. Son enfance s'écoulait ainsi dans la solitude; jouer avec ses agneaux qu'elle aimait, chercher des fleurs pour en faire des bouquets et des guirlandes, regarder couler le ruisseau et y jeter des brins d'herbe étaient toutes ses distractions. Elle interrompait souvent ses jeux enfantins pour réciter son chapelet, la seule prière qu'elle connût, et qui remplissait son âme innocente d'une douce joie.

La petite bergère ne fréquentait ni l'école ni le catéchisme, et il était temps de songer à lui faire faire sa première communion; ses parents la rappelèrent auprès d'eux pour la faire instruire et la préparer à cet acte solennel. C'était une enfant douce, bonne, simple et naïve, n'ayant jamais menti. La mère l'aimait tendrement et en prenait grand soin à cause de sa santé délicate.

Le jeudi gras de cette année 1858 tombait le 11 février. Ce jour, qui est partout le commencement des réjouissances du carnaval, ne l'était pas pour les Soubirous; mais, si pauvre que soit un repas, il faut le faire cuire, et le bois manquait totalement. Dans cette perplexité, la bonne mère Soubirous prit le parti d'envoyer sa seconde fille Marie, âgée de onze ans, ramasser un peu de bois mort le long du Gave; sur ces entrefaites, arrive une petite voisine nommée Jeanne Abadie, âgée de treize ans, qui s'offre à aller accompagner Marie ; toutes deux firent des instances pour emmener Bernadette que sa mère retenait auprès d'elle, à cause de sa faible santé, mais qui avait un vif désir, elle aussi, d'aller ramasser son petit fagot.

« Va, dit la mère, et sois bien prudente pour ne pas augmenter ton rhume. »

Bernadette s'enveloppa d'un long capulet blanc qui encadrait gracieusement son doux visage, et toutes trois partirent joyeusement.

Nos petites filles franchirent le vieux pont qui aboutissait dans la campagne et, arrivées près de la grotte de Massabielle, elles avaient à traverser le canal d'un moulin qui était en ce moment en réparation ; comme on avait levé l'écluse, le canal se trouvait presque à sec. Les deux compagnes de Bernadette, qui étaient nu-pieds, purent le passer facilement et arrivèrent en courant à la grotte, où elles trouvèrent quantité de branches d'orme et de peuplier qui jonchaient la terre.

Bernadette, craignant que le contact de l'eau glacée ne la fît tousser davantage, hésitait à quitter ses gros bas de laine et ses sabots ; elle appela ses compagnes en les priant de jeter deux ou trois grosses pierres dans le ruisseau, afin qu'elle pût le passer sans se mouiller les pieds ; sur le refus de celles-ci, prétextant que ce serait trop long et l'invitant à faire comme elles, Bernadette prend le parti de quitter sa chaussure ; pendant qu'elle est baissée, elle entend un roulement semblable au souffle impétueux d'un vent d'orage ; elle regarde autour d'elle et voit avec étonnement que les peupliers qui bordent le Gave sont immobiles ; pensant s'être trompée, elle continue à se déchausser, mais le même bruit vient de nouveau frapper ses oreilles ; se tournant alors du côté de la grotte, un merveilleux spectacle s'offre à sa vue : saisie dans tout son être, et sans pouvoir même jeter un cri,

elle tombe instinctivement à genoux ; une dame, d'une
beauté et d'une majesté incomparables, se tient debout au
bord de la niche, les pieds posés sur l'églantier, au milieu
d'une lumière ineffable, entourée d'une auréole resplendissante, où la vue semblait se reposer avec délices, comme dans
la tranquille splendeur divine. Tout dans cette belle Dame
respirait la bonté et la mansuétude ; sa robe longue et traî-
nante, d'un tissu inconnu, avait la blancheur du lis ; elle tombait
en plis gracieux jusqu'à la naissance des pieds, qui étaient
nus, et sur chacun desquels s'épanouissait une rose d'or. Une
ceinture bleue comme le ciel, à moitié nouée sur le devant
de la taille, descendait en bandes larges et flottantes jusqu'au
bas de la robe. Un voile blanc comme la neige immaculée
des montagnes était fixé autour de la tête et enveloppait
gracieusement les épaules en étalant son ampleur jusqu'au
bord de la robe. Pour toute parure, pour tout ornement la
belle Dame tenait entre ses mains jointes un chapelet dont
les grains, d'une éclatante blancheur, étaient reliés par une
chaîne plus brillante que le soleil. Les grains de ce chapelet
merveilleux glissaient l'un après l'autre entre ses doigts vir-
ginaux. Mais les lèvres vermeilles de cette auguste Reine
demeuraient immobiles. Chaque grain qu'elle touchait était,
sans doute, une invitation à la prière sublime, et, en même
temps, la marque des trésors de grâce qui en découlent.

Bernadette s'était donc prosternée devant l'apparition ; surprise, troublée, elle se croit le jouet d'un rêve ; prenant alors
son chapelet, elle voit la belle Dame qui lui sourit avec une
ravissante bonté ; l'enfant voulut faire le signe de la croix,
mais elle tremblait si fort que sa main retomba inerte sur ses

genoux. La Dame, comme pour l'encourager, porta à son front lumineux la croix d'or de son rosaire et fit elle-même le signe de la croix. Bernadette, fortifiée et rassurée, récita son chapelet, pendant que les grains blancs de la céleste Dame défilaient entre ses doigts bénis.

Quand l'enfant eut terminé sa prière, la Vision disparut, toujours souriante, laissant après elle une douce clarté qui s'effaça lentement.

Revenue à elle-même, Bernadette acheva de se déchausser et traversa rapidement le ruisseau ; elle rejoignit ses compagnes, qui, ayant fait une ample provision de bois sec, s'amusaient à l'entrée de la grotte.

— Tu as donc dit ton chapelet là-bas? lui demandèrent-elles, car elles l'avaient vue se mettre à genoux.

— Oui, répondit l'heureuse enfant. Est-ce que vous n'avez rien vu là-haut ?

— Mais non. Et toi, as-tu vu quelque chose?

— Oui, mais je ne veux rien dire.

— Je vois bien que tu as eu peur; reprit Marie, puisque tu trembles ; dis-nous donc de quoi?

Bernadette évita de répondre à leurs questions qu'elles renouvelèrent tout le long du chemin : pressée par elles de leur apprendre ce qu'elle avait vu, elle finit par céder à leurs supplications, en leur recommandant d'en garder le secret. Nos deux fillettes, aussitôt arrivées, n'eurent rien de plus pressé que de raconter à la bonne mère Soubirous ce qui s'était passé. Celle-ci cherche à convaincre sa fille qu'elle a eu peur et que dans sa frayeur elle a cru voir quelque chose, mais qu'elle n'a rien vu, et lui défend de retourner à la grotte Massabielle.

Bernadette fut vivement peinée de cette défense, car elle éprouvait un grand désir de revoir celle dont la bonté et la tendresse l'avaient ravie si intimement.

Le dimanche suivant, 14 février, Jeanne et Marie, toutes préoccupées de l'incident arrivé à la grotte, résolurent, en sortant de la messe, de concert avec Bernadette, d'aller supplier la bonne mère Soubirous de lever la défense qu'elle avait faite à sa fille ; à force d'instances et de promesses, elles finirent par gagner leur cause. S'étant réunies à d'autres petites filles qui avait eu connaissance de l'aventure, elles partirent toutes joyeuses, non sans avoir eu la précaution d'aller prier à l'église et de se munir d'une bouteille d'eau bénite dans la crainte que l'apparition ne fût un mauvais esprit.

Admirons en passant la sage conduite de ces enfants, qui renferme tout un enseignement de modération et de prudence chrétiennes.

Arrivées à la grotte, leurs regards avides plongent avec anxiété dans l'intérieur de l'excavation ; mais rien ne se montre à elles.

— Prions, dit Bernadette, dont le cœur battait avec force.

Elles se mirent à genoux, et toutes récitèrent dévotement leur chapelet sans perdre de vue la niche mystérieuse.

— La voici ! elle est là ! elle nous regarde ! elle sourit ! s'écrie l'heureuse enfant.

Mais pour ses compagnes la grotte était déserte ; elles ne virent que le visage transfiguré de leur amie, qui leur inspirait une certaine frayeur.

— Jette-lui de l'eau bénite, dit l'une d'elles, en mettant la bouteille entre les mains de Bernadette.

Celle-ci en lança quelques gouttes vers l'Apparition, non sans trembler, en lui disant, à plusieurs reprises, d'approcher si elle venait de la part de Dieu.

La Dame, avec une majesté de reine, fit un pas en avant, inclina gracieusement sa tête vers l'enfant, en lui envoyant le plus doux des sourires. Bernadette émue, transportée, se prosterna de nouveau et continua son chapelet. La belle Dame tenait aussi son rosaire dans les mains et en faisait glisser les grains entre ses doigts, tandis que ses lèvres demeuraient immobiles. La récitation terminée, la Dame mystérieuse disparut en laissant à sa petite amie un divin sourire.

Nos jeunes filles rentrèrent en ville pour se rendre à vêpres ; elles n'avaient pas vu la Dame, mais le visage de leur compagne leur en avait appris beaucoup, et elles en parlèrent à qui voulut les entendre.

La mère de Bernadette était convaincue de la bonne foi de son enfant, mais elle ne croyait pas à l'apparition ; elle disait à ceux qui venaient l'interroger : « Elle a cru voir, car elle ne ment pas, mais elle n'a rien vu. »

Cependant, on commençait à s'entretenir à Lourdes de cet événement extraordinaire. Deux personnes pieuses, Mme Milet et Mlle Antoinette Peyret, cette dernière congréganiste des Enfants de Marie, demandèrent à accompagner Bernadette à la grotte et s'y rendirent avec elle le jeudi suivant, 18 février.

Malgré le chemin difficile et rocailleux qu'elles furent obligées de prendre, à cause de l'eau qui remplissait le lit du canal, Bernadette courait plutôt qu'elle ne marchait et arriva la première à la grotte. Ses compagnes la trouvèrent à genoux, priant de tout son cœur, les yeux fixés vers la niche.

— Elle est là, leur dit-elle, elle me fait signe d'approcher.

— Demande-lui donc si elle permet que nous restions.

— Oui, répondit Bernadette après une mystérieuse pause.

— Prie-la de te dire qui elle est et ce qu'elle veut, ou plutôt donne-lui ce papier, cette plume et l'encre, et demande-lui de te faire connaître par écrit son nom et sa volonté. Si c'est une âme du purgatoire qui désire des messes, nous lui en ferons dire.

La voyante s'avança vers la grotte, se dressa sur le bout de ses pieds et, tendant les bras, présenta à la Dame tout ce qui était nécessaire pour écrire.

— Ce que j'ai à vous dire, répondit la Dame en souriant avec une bonté inexprimable, il n'est pas nécessaire de l'écrire. Faites-moi seulement la grâce de venir ici pendant quinze jours.

— Je vous le promets, Madame.

— Et moi, reprit l'Apparition, je vous promets de vous rendre heureuse, non en ce monde, mais dans l'autre.

Bernadette remarqua que la Dame arrêtait ses regards pleins de tendresse sur Antoinette Peyret. La joie de la jeune fille fut grande en apprenant cette faveur, dont elle conserva précieusement le souvenir.

— Demande à la Dame, dirent les deux amies, si nous pouvons revenir avec toi tous les jours de cette quinzaine.

— Elles peuvent venir avec vous, elles et d'autres encore. Je désire y voir du monde.

Dès le lendemain matin, avant le lever du soleil, Bernadette se rendit à la grotte; plus de cent personnes y étaient

déjà réunies ; chacun s'y donnait rendez-vous. Elle s'agenouilla, comme elle en avait l'habitude, et commença à
réciter son chapelet, les yeux amoureusement fixés sur la
niche. Tout à coup, un rayon divin parut illuminer son
visage, qui pâlit légèrement ; tout son être paraissait plongé
dans un océan de bonheur ; ceux qui la voyaient ainsi
transfigurée ne doutaient plus de la réalité de l'apparition.
On entendait, de tous côté, dire : C'est la sainte Vierge.

Le second jour de la quinzaine, près de cinq cents personnes se tenaient devant la grotte ; le troisième jour, on en
compta plusieurs milliers.

La nouvelle de ces apparitions merveilleuses s'était
répandue de toutes parts ; une foule considérable escortait
chaque jour la voyante.

En arrivant à la grotte, Bernadette prend son chapelet et
commence à le réciter. L'assistance, silencieuse et recueillie,
attend avec une religieuse impatience le moment de l'extase,
qui, comme toujours, se traduit par le rayonnement d'une
indicible joie qui se reflète sur le visage et semble transporter la voyante dans un monde inconnu.

Bernadette, toujours prosternée, priait avec ferveur ;
mais, à un moment, on la vit s'avancer sur ses genoux
dans l'intérieur de la grotte, jusqu'au-dessous de la niche.
Soudain ses traits s'imprègnent d'une profonde tristesse, et
les assistants virent de grosses larmes rouler sur ses joues.

Quelques instants après, une joie céleste illumina de nouveau son visage, jusqu'à ce qu'enfin la Vision disparût.

La foule se pressait autour de l'enfant et voulait savoir
pourquoi elle avait pleuré.

— La Dame pleurait aussi, dit-elle, et son doux visage
était si triste qu'il m'a semblé que mon cœur allait se
briser.

— Qu'est-ce que vous avez, Madame ? lui ai-je dit, et
qu'est-ce qu'il faut que je fasse pour vous consoler?

Elle m'a répondu : « Priez pour les pécheurs! »

Pendant que je priais, la Dame m'a souri avec bonté, puis
elle est partie, laissant après elle une douce lumière qui
disparut lentement.

Le soir de ce même dimanche 21, à l'issue des vêpres,
Bernadette, en sortant de l'église, se vit entourée par la
foule, qui cherchait à lui parler et à l'entendre. Comme elle
se hâtait de se dérober à ce curieux empressement, un agent
de police fend la foule et l'arrête au nom de la loi. Arrêter
Bernadette !... Quel crime avait-elle donc commis? De sourds
murmures se firent entendre ; le peuple avait de la peine à
contenir son indignation et suivit la voyante jusque chez le
commissaire de police. Celui-ci fit subir à l'enfant un long
interrogatoire ; il employa d'abord la douceur pour se renseigner sur l'apparition, puis il éclata en menaces et, agissant
de ruse, il chercha à embarrasser la petite fille, afin de la
convaincre d'imposture. Bernadette, dans son langage simple
et naïf, répondit à toutes les questions souvent répétées de
l'astucieux commissaire sans se contredire en rien et sans
la moindre hésitation.

La foule, qui continuait à stationner dans la rue, était
devenue plus nombreuse. On commençait à trouver l'interrogatoire un peu long, et les paroles de menaces contre
l'homme de la police s'accentuaient de plus en plus. A l'arri-

vée de François Soubirous, qui venait réclamer son enfant, le calme se rétablit.

— La voilà, répondit le commissaire, je vous la rends ; mais prenez garde ! Elle joue une comédie qui pourra bien la conduire en prison. Je lui défends de retourner à la grotte ; et, si elle continue d'y aller, c'est à vous que je m'en prendrai.

— Elle n'ira plus, dit le père intimidé.

Chemin faisant, il défendit expressément à sa fille de retourner à la grotte.

Bernadette répondit en soupirant, les yeux mouillés de larmes, qu'elle ferait ce qu'elle pourrait pour n'y pas aller, malgré la promesse qu'elle avait faite à la Dame de s'y rendre pendant quinze jours.

— Quand j'irais, dit-elle, ce n'est pas tout à fait de ma volonté ; quelque chose m'y pousse et me fait courir presque malgré moi.

— Il faudra pourtant bien obéir au commissaire, dit le père Soubirous, car il nous ferait mettre tous en prison.

Le lendemain matin, on envoya Bernadette à l'école. Elle s'y rendit tristement ; manquer à la promesse qu'elle avait faite à la ravissante Dame était pour elle une cruelle douleur. De nouvelles épreuves l'attendaient encore ; c'est par de grandes tribulations qu'elle doit mériter les insignes faveurs de la Reine du Ciel.

Arrivée à l'école, Bernadette eut à supporter les remontrances sévères des sœurs, qui lui dirent que ses parents avaient raison de lui défendre de retourner à la grotte, qu'elle n'était qu'une menteuse et une orgueilleuse et que c'était un grand péché de jouer une pareille comédie. Dieu, dans ses desseins, avait permis que ces bonnes sœurs ne fussent que très peu au courant des événements accomplis à la grotte et qu'elles n'y ajoutassent, tout d'abord, aucune foi.

D'un autre côté, les compagnes de Bernadette se firent un jeu de l'accabler de leurs sarcasmes ; elles la fuyaient et se la montraient au doigt. La pauvre enfant passa une cruelle matinée.

Comme elle sortait de l'école, pour retourner chez elle à midi, une force inconnue s'empare d'elle, la fait changer de direction et la pousse vers les roches comme une feuille que le vent soulève et fait courir à son gré. Un peu avant d'arriver à la grotte, cette force mystérieuse cessant d'agir, l'enfant continua lentement et péniblement son chemin. Beaucoup de monde s'était rendu de grand matin à la grotte, espérant y trouver la voyante, et il y en avait encore un assez grand nombre lorsque Bernadette vint se prosterner à sa place habituelle. On s'agenouilla avec elle, et comme elle chacun récita son chapelet attendant avec une pieuse impatience le moment de l'extase.

Vainement, Bernadette tint les yeux fixés sur l'églantier ; vainement, elle appela de toutes les puissances de son âme la céleste Dame, elle ne parut point.

La pauvre enfant devait se croire délaissée de Dieu même. Elle se releva accablée de tristesse et, après avoir avoué à ceux qui l'interrogeaient qu'elle n'avait rien vu, elle reprit le chemin de la ville.

En rentrant chez ses parents, elle leur raconta qu'une

force invisible l'avait entraînée malgré elle à la grotte, mais que la Dame n'y était pas venue.

Le père Soubirous, craignant d'agir contre la volonté de Dieu en défendant à sa fille d'aller à la grotte, lui dit :

— Tu y retourneras quand tu voudras, je ne te le défends plus.

Bernadette, toute joyeuse, en remercia son père, se promettant bien d'y retourner le lendemain.

La journée n'était pas encore terminée, quand arriva un agent intimant aux Soubirous l'ordre de se rendre immédiatement chez le commissaire de police. Celui-ci renouvela ses menaces ; mais, à son grand étonnement, il trouva le père Soubirous ferme dans sa résolution de laisser à sa fille la liberté de se rendre à la grotte quand elle le voudrait, craignant, dit-il, d'attirer sur lui la colère de Dieu.

Le lendemain matin, avant le lever du soleil, une foule nombreuse attendait la voyante au lieu de l'apparition. La pauvre enfant s'avança timidement, craignant de trouver la Vision insensible à sa prière ; mais à peine avait-elle commencé son chapelet que les rayons célestes illuminèrent son visage et donnèrent à tous ses traits l'expression du plus ineffable bonheur. La foule émue se contenait avec peine ; de tous côtés, on entendait ces mots : « La Dame est là, elle la voit ! »

— Bernadette ! dit l'Apparition avec une bonté inexprimable.

— Me voici, Madame, répondit l'enfant.

— J'ai à vous dire une chose qui ne regarde que vous. Promettez-moi de n'en parler à qui que ce soit au monde.

— Je vous le promets, dit Bernadette.

Après cette mystérieuse confidence, qui dura quelques minutes, la Dame reprit :

— Allez maintenant, ma fille, dire aux prêtres que je veux qu'on m'élève ici une chapelle.

La Dame disparut, laissant pour adieu à sa petite amie un divin sourire.

Bernadette, après avoir fait connaître son message à ceux qui l'entouraient, se rendit aussitôt au presbytère.

M. le curé Peyramale avait entendu parler des événements extraordinaires qui attiraient chaque jour un si grand nombre de curieux à la roche Massabielle ; mais, en prêtre sage et prudent, il avait voulu rester neutre au milieu de choses si étranges, attendant pour se prononcer que la volonté de Dieu se manifestât plus clairement. Il ne connaissait pas la petite bergère qui était depuis très peu de temps chez ses parents ; mais on la lui avait montrée la veille comme elle se rendait à la grotte.

— N'est-ce pas toi, lui demanda-t-il aussitôt qu'elle se présenta à lui, qui te nommes Bernadette Soubirous ?

— Oui, monsieur le Curé, répondit-elle.

— Que viens-tu faire ici ? reprit-il en regardant sévèrement l'enfant. As-tu quelque chose à me dire ?

— Oui, monsieur le Curé, je viens de la part de la Dame qui se montre à moi aux roches Massabielle.....

— Oui, oui, je connais cette fable. Tu prétends avoir des visions et tu fais courir tout le monde à la grotte.

Le ton dur et sévère avec lequel le bon curé parlait, lui, ordinairement si paternel pour tous ses paroissiens, intimida Bernadette.

— Et tu ne sais pas le nom de cette Dame ? continua-t-il.

— Non, répondit l'enfant. Elle ne m'a point dit qui elle était.

— Ceux qui te croient, reprit le prudent curé, s'imaginent que c'est la sainte Vierge ; mais sais-tu bien que, si tu les trompes, tu prends le chemin de ne jamais la voir dans le Ciel.

— Je ne sais pas si c'est la sainte Vierge, monsieur le Curé, répondit Bernadette ; mais je vois la Vision comme je vous vois ; et elle me parle comme vous me parlez Je viens vous dire de sa part qu'elle veut qu'on lui élève une chapelle aux roches Massabielle.

Le bon curé fit répéter à Bernadette les termes mêmes qu'avait employés la Dame de la grotte.

— Après m'avoir confié le secret qui me concerne et que je ne puis révéler, dit l'enfant, la Dame a ajouté : « Et maintenant, allez dire aux prêtres que je veux qu'on m'élève ici une chapelle. »

Le prêtre ému garda un instant le silence, puis il dit à la petite messagère :

— Si la Dame dont tu me parles est vraiment la Reine du Ciel, je serai heureux, dans la mesure de mes forces, de contribuer à lui faire élever une chapelle ; mais ta parole n'est pas une certitude. Rien ne m'oblige à te croire. Je ne sais qui est cette Dame et, avant de m'occuper de ce qu'elle désire, je veux savoir si elle y a droit. Demande-lui, par conséquent, de me donner quelque preuve de sa puissance. Puisque la dame a sous les pieds un rosier sauvage qui n'a pas encore repris sa verdure, dis-lui de ma part qu'elle fasse fleurir le rosier, et elle aura la chapelle.

Le lendemain, l'affluence fut plus considérable que jamais devant les roches Massabielle ; chacun voulait être témoin du miracle que Bernadette devait demander à la Dame.

La Voyante se rendit à la grotte avec son calme d'habitude ; elle s'agenouilla comme à l'ordinaire, et bientôt on reconnut à son visage transfiguré que la mystérieuse Apparition était devant elle.

— Madame, lui dit l'enfant, M. le curé ne veut pas s'en rapporter à ma parole ; il demande quelque preuve de votre puissance, par exemple que vous fassiez fleurir le rosier qui est sous vos pieds.

Un ineffable sourire de la Dame fut toute la réponse, et, quelques instants après, elle commanda à Bernadette de prier pour les pécheurs et de monter jusqu'au fond de la grotte. La Voyante obéit en s'avançant sur ses genoux et en répétant par trois fois ces paroles de la Dame : « Pénitence ! Pénitence ! Pénitence ! »

On la vit plusieurs fois aussi baiser la terre ; et les signes de croix qu'elle faisait par intervalle avaient quelque chose de céleste.

L'Apparition confia de nouveau un secret à sa petite amie, qui la concernait seule, puis elle disparut.

Peu d'instants après, Bernadette prit le chemin de la ville et se présenta chez M. le Curé, à qui elle rendit compte de sa commission. Le digne prêtre résolut d'attendre pour se prononcer, persuadé que, si la sainte Vierge daignait se montrer à la petite bergère, elle saurait bien donner quelque autre preuve irrécusable de sa puissance et de sa bonté.

Le 25 février, malgré la déception éprouvée la veille, une

multitude innombrable remplissait les abords de la grotte lorsque Bernadette y arriva. Elle s'agenouilla, et à peine avait-elle commencé son chapelet que la bonne Dame lui apparut.

— Ma fille, lui dit-elle, je veux vous confier un dernier secret que vous garderez pour vous seule, comme les deux autres.

— Je vous le promets, répondit l'enfant.

Après quelques instants de silence pendant lesquels Bernadette semblait nager dans un océan de délices, la Dame reprit :

— Maintenant, ma fille, allez boire et vous laver à la fontaine, et mangez de l'herbe qui pousse à côté.

L'enfant, n'ayant vu de l'eau nulle part dans la grotte, se dirigea vers le Gave qui baignait le pied de la roche ; mais l'Apparition la rappelle et lui indique du doigt le fond de la grotte à l'est. Bernadette obéit ; mais elle ne peut arriver en cet endroit qu'en se tenant à genoux et courbée. Elle remarqua près du rocher quelques touffes d'herbe, mais pas de source. Cependant, pour obéir à la Dame, elle gratta le sol avec ses mains, sous lesquelles un peu d'humidité se fit jour et arriva enfin goutte à goutte, remplissant le petit creux que ses doigts d'enfant avaient formé. Cette eau était si bourbeuse que Bernadette, l'ayant portée à ses lèvres, la rejeta par trois fois, sans avoir le courage de l'avaler. Mais l'ordre qu'elle a reçu est formel. Elle fit un dernier effort, en but quelques gouttes, se lava le visage et mangea quelques brins de la petite herbe, espèce de cresson, qu'elle trouva à côté. En ce moment, un filet d'eau de la grosseur d'une paille se mit à s'échapper du petit réservoir et descendit lentement vers le Gave.

La Dame regarda avec satisfaction son enfant et disparut.

Les assistants, apprenant qu'une source venait de jaillir sous les mains de Bernadette, se précipitèrent vers la grotte pour admirer ce prodige; chacun voulut boire de cette eau et s'en laver.

Le lendemain, quand Bernadette se rendit à la grotte, près de dix mille personnes y étaient réunies. La source coulait plus fort que le doigt; elle augmentait considérablement chaque jour; elle avait pris ensuite la proportion du bras d'un enfant.

Bernadette se rendait exactement tous les matins à la grotte. La Dame lui apparaissait et s'entretenait intimement avec elle; chaque fois, elle lui ordonnait d'aller boire et se laver à la source.

Le mardi 2 mars, la Dame commanda de nouveau à l'enfant d'aller dire aux prêtres qu'elle voulait qu'on lui élevât une chapelle à la grotte et qu'on y vînt en procession.

Bernadette alla donc retrouver le bon curé de Lourdes, qui était déjà instruit des prodiges qui s'opéraient à la grotte; il promit à l'enfant de faire ce qui dépendrait de lui pour accomplir les ordres de l'Apparition et il se rendit à Tarbes pour rendre compte à l'évêque des événements accomplis aux roches Massabielle.

Le vénérable prélat approuva la prudente conduite du digne prêtre et maintint la défense faite au clergé de ne prendre aucune part aux manifestations qui avaient lieu à la grotte, mais en même temps de ne rien négliger pour se renseigner sur tout ce qui s'y passerait.

Déjà, de tous côtés, on publiait des guérisons miraculeuses produites par l'eau de la nouvelle source, qui coulait maintenant claire et abondante.

Un ouvrier carrier, atteint depuis vingt ans d'une cécité reconnue incurable, s'était servi avec foi de l'eau encore bourbeuse de la grotte et avait recouvré la vue aussitôt.

Une mère avait obtenu la vie de son petit enfant mourant, et que son mari croyait même mort, en le plongeant pendant un quart d'heure dans l'eau glacée de la source miraculeuse. Les médecins ont constaté que sa guérison avait eu lieu instantanément sans convalescence, d'une façon toute surnaturelle.

Quantité d'autres personnes pouvaient aussi affirmer de leur guérison. On voyait une foule de malades, d'infirmes prendre le chemin de la grotte, y boire de l'eau, s'en laver avec foi et se trouver les uns guéris, les autres soulagés. Non seulement les guérisons opérées par l'eau de la grotte sont soudaines, mais elles sont aussi sans rechutes.

Le jeudi 4 mars était le dernier jour de la quinzaine.

La nouvelle de la source miraculeuse avait attiré une énorme affluence de pèlerins et de curieux. Vingt mille personnes encombraient les alentours de la grotte. La gendarmerie de Lourdes et un détachement de soldats du fort reçurent l'ordre d'occuper le chemin des roches et de se tenir prêts à réprimer tout symptôme de désordre. Ce fut une précaution inutile ; la foule émue et sympathique se tint dans le plus grand calme.

Les assistants se prosternèrent avec Bernadette, dont le visage transfiguré rayonnait d'une joie céleste. On la vit de nouveau s'avancer sur ses genoux jusqu'à la source, s'y laver, y boire et manger une petite pincée de la plante qui y croissait. La Dame jetait sur son enfant des regards pleins de tendresse.

— Allez, ma fille, ajouta-t-elle, dire aux prêtres que je veux qu'on m'élève une chapelle en ce lieu et qu'on y fasse des processions.

— Je vous en prie, Madame, dit Bernadette, ayez la bonté de me dire votre nom.

La Dame ne répondit à cette question que par un gracieux sourire et disparut.

Des guérisons incontestables s'opéraient journellement par l'emploi de l'eau de la source, et le nombre des pèlerins grossissait chaque jour. On venait de loin à la grotte ; des milliers de cierges y brûlaient continuellement ; des fleurs des *ex-voto* y étaient apportés en reconnaissance des bienfaits obtenus. De pieux fidèles faisaient retentir l'air de leurs chants d'allégresse, et chaque jour de nouveaux croyants venaient grossir la phalange des âmes dévouées à Notre-Dame de Lourdes.

Le 25 mars, jour de la fête de l'Annonciation, Bernadette sentit en elle l'attrait divin qui l'entraînait irrésistiblement à la grotte. La foule, qui l'avait vue se diriger de ce côté, y arriva en même temps qu'elle. Aussitôt agenouillée, Bernadette vit paraître la Dame environnée d'une gloire et d'une splendeur indescriptibles ; jamais son sourire n'avait été plus doux ; jamais dans ses regards n'avait brillé une tendresse plus maternelle. Bernadette, encouragée par cet air de suprême bonté, s'enhardit à l'interroger.

— O Madame, lui dit-elle, je vous supplie d'avoir la bonté de me dire qui vous êtes et quel est votre nom ?

Un sourire plein d'une ineffable bienveillance fut toute la réponse. Bernadette ayant réitéré par trois fois sa demande dans les mêmes termes, la gracieuse Vision céda à cette filiale instance. Faisant glisser sur son bras droit son blanc chapelet, ses mains montèrent majestueusement vers le Ciel et redescendirent ensuite avec tendresse vers la terre, puis se rejoignirent sur son cœur maternel, et, tandis que ses divins regards s'élevaient vers les régions glorieuses, ses lèvres pures laissaient tomber ces mots :

Je suis l'Immaculée-Conception.

Aussitôt que la Vision eut disparu, Bernadette s'empressa d'aller porter au bon curé de Lourdes ce nom qu'elle entendait pour la première fois, et, dans la crainte de l'oublier en route, elle le répéta tout le long du chemin.

M. Peyramale comprit aussitôt les désirs de la Reine des Vierges, proclamée Immaculée dans sa Conception quatre ans auparavant par le glorieux Pie IX.

Le 5 avril, qui était le lendemain de Pâques, la Vierge Immaculée apparut à Bernadette, qui tenait son chapelet d'une main et de l'autre son cierge bénit qu'elle allumait chaque fois. Au milieu de son extase, elle éleva ses mains vers la Vision et les joignit sans le savoir au-dessus de la flamme pendant un quart d'heure, restant souriante et immobile. A cette vue un saisissement s'empara de la foule, et chacun proclama le miracle.

Un médecin qui se trouvait là put constater que les doigts menus et délicats de l'enfant étaient intacts. Ce prodige mit le comble à l'irritation des autorités civiles, qui persistaient à incriminer la conduite de la voyante et de ses parents et voulaient les poursuivre ; mais le digne curé de Lourdes se constitua leur défenseur.

La plus grande pauvreté régnait dans la maison des Soubirous, et toujours ces pauvres gens se sont obstinés à ne rien recevoir des nombreux visiteurs qui employaient toutes sortes de moyens pour leur faire accepter des objets de prix et quelquefois des sommes importantes. Une pieuse dame, très riche, n'osant rien offrir ouvertement à la Voyante, lui glissa dans la poche deux pièces d'or qu'elle espérait ainsi lui faire accepter. Bernadette s'en aperçut, rougit sensiblement, retira avec vivacité les pièces d'or et d'une manière polie força la généreuse dame à les reprendre aussitôt.

Bernadette se préparait à sa première communion avec une piété vive et sincère ; elle était restée simple et naïve, sans la plus petite apparence d'amour-propre ; à la voir seulement, personne n'aurait pu se douter qu'elle eût été si favorisée et si en renom.

Le 3 juin, le jeudi de la Fête-Dieu, l'heureuse enfant prit place à la table sainte au milieu de ses compagnes. Toute à son Dieu, elle aurait voulu se cacher et se soustraire aux nombreuses visites qui ne manquèrent pas ce jour-là.

De nouvelles guérisons s'opéraient à la grotte par la vertu de l'eau miraculeuse. Des ouvriers carriers, pour rendre l'accès des roches plus facile aux pèlerins, avaient tracé un sentier sur l'escarpement qui y conduisait. Ils creusèrent un petit réservoir pour recevoir l'eau de la source et placèrent au-dessous du jet une rigole en bois pour l'y conduire. La grotte était garantie par une balustrade derrière laquelle furent déposés des *ex-voto*, des vases de fleurs, des offrandes de toutes sortes et quantité de pièces de monnaie offertes par les pèlerins pour la construction d'une église.

L'autorité, qui traitait de comédie et de superstition ces démonstrations populaires, obtint du ministre des cultes l'autorisation de faire fermer l'entrée des roches Massabielle ; l'accès en fut interdit sous peine d'amende. Une clôture en planches en défendit l'abord. Les gardes furent impuissants à repousser la foule de pèlerins, de malades et de visiteurs qui se mettaient peu en peine d'encourir la rigueur judiciaire.

En s'arrêtant sur la rive droite du Gave, on pouvait échapper à toute mesure répressive ; c'est là que Bernadette se rendait depuis qu'il n'était plus permis de monter jusqu'aux roches ; et c'est là aussi qu'une quantité de personnes venaient prier chaque jour.

Le 16 juillet, fête de Notre-Dame du Mont-Carmel, vers huit heures du soir, Bernadette, prosternée, récitait son chapelet en vue de la niche merveilleuse où se concentraient toutes les affections de son âme, appelant par une prière fervente celle qu'elle nommait toujours la belle Dame. Acquiesçant au désir de sa petite amie, l'auguste Vierge Immaculée se montra à elle, toujours aussi gracieuse, toujours aussi belle, et laissant tomber sur l'enfant qu'elle aimait ses regards maternels, elle inclina doucement la tête comme pour lui dire adieu, et elle disparut.

C'était la dix-huitième fois en quelques mois que Bernadette avait joui des précieuses faveurs de la Reine du Ciel. Si Marie Immaculée ne daigna plus se montrer à la grotte, elle ne cessa d'y faire sentir sa présence par d'incontestables bienfaits.

Étant dans la nécessité d'abréger, nous regrettons de ne pouvoir raconter, ici, les innombrables guérisons et conversions, qui tiennent évidemment du prodige, qui s'opéraient par l'emploi de l'eau miraculeuse. Ceux qui ne pouvaient se transporter à la grotte se procuraient de cette eau bienfaisante et se trouvaient délivrés de leurs infirmités réputées incurables.

Toute personne sensée ne pouvait se lasser d'admirer la bonté de Dieu et l'heureuse influence de la protection de Marie Immaculée. Chaque jour, de nouveaux croyants invoquaient du fond du cœur Notre-Dame de Lourdes. Cette dévotion se répandait non seulement dans les départements limitrophes, mais encore dans les provinces les plus lointaines. Au commencement d'octobre 1858, les autorités civiles durent plier sous la volonté du chef suprême de la France, qui ordonna que l'entrée de la grotte fût laissée libre aux populations. Que faisait le clergé pendant ce temps ? Il crut devoir se tenir dans une sorte d'indifférence, pour observer et attendre le dénouement que la Providence voudrait amener. Il serait difficile d'agir avec plus de prudence et d'employer plus de sages précautions. Son premier mot sur la grotte de Lourdes se fit entendre alors seulement qu'il ne lui était plus possible de garder le silence.

L'évêque de Tarbes dut enfin se décider à ordonner une enquête sur tant de faits merveilleux. Elle fut conduite avec une admirable prudence ; et, après avoir laissé écouler un laps de temps qui ne donnait lieu à aucune accusation d'enthousiasme, Mgr l'évêque de Tarbes rendit un décret qui sanctionna les faits énoncés et autorisa dans son diocèse le culte de Notre-Dame de Lourdes.

La grotte changea bientôt d'aspect. Une magnifique statue fut érigée dans l'excavation où Marie Immaculée avait daigné apparaître. Les prières et les hymnes de reconnaissance, doux parfums des cœurs, s'élèvent continuellement vers cette sainte image.

Une splendide basilique, véritable merveille d'art, s'édifia sur le roc. Des milliers de pèlerins, accourus de toutes les parties du monde, viennent processionnellement, chaque jour, rendre leurs hommages à Notre-Dame de Lourdes et lui donner des marques de leur amour et de leur reconnaissance.

Le bon curé de Lourdes, M. Peyramale, que la Vierge Immaculée avait choisi pour accomplir les ordres divins, triompha, non sans peine, des nombreux obstacles qui vinrent entraver ses efforts et son zèle.

Après avoir fidèlement accompli sa mission, il mourut le 8 septembre 1877, jour de la Nativité de Marie, regretté de tous ses paroissiens dont il était tendrement aimé.

Bernadette se fit religieuse chez les Sœurs de la Charité à Nevers ; elle avait pris en religion le nom de sœur Marie-Bernard. Comme toujours, sa candeur se reflétait sur son visage ; c'est cette pureté qui brillait en elle comme un diamant sans tache qui, sans nul doute, lui avait attiré les complaisances de la Vierge Immaculée. L'humilité, chose si rare, surtout dans l'honneur, comme l'a dit saint Bernard, avait pris de grandes proportions dans le cœur de Bernadette ; la sainte Vierge s'était plue à cultiver en elle cette plante si précieuse, et sœur Marie-Bernard, malgré les faveurs dont elle avait été gratifiée, s'était toujours tenue dans les bas-fonds de son néant. Sans cesse sous l'étreinte des souffrances qui la clouaient sur son lit, elle eut sa large part à l'héritage des privilégiés de Jésus ; on peut dire que son existence a été un long martyre. La sainte Vierge lui avait promis qu'elle serait heureuse, non pas en ce monde, mais dans l'autre ; elle aimait à répéter cette parole ; sur la terre, elle a eu son accomplissement : sœur Marie n'a pas été heureuse ici-bas ; donc elle doit l'être dans le Ciel.

Le 28 mars 1879, l'humble religieuse ressentit de plus grandes tortures, puis la faiblesse augmenta ; tous ceux qui l'entouraient pensèrent que sa fin était proche ; ses yeux se reposaient alternativement sur le crucifix et le rosaire ; ce regard si pénétrant exprimait une amoureuse résignation et en même temps une joie surnaturelle ; mais ce n'était que le commencement de sa longue agonie, qui dura près de trois semaines.

Le mercredi de Pâques, 16 avril, comme on achevait la prière des agonisants, Bernadette parut ravie tout à coup en une sorte de contemplation mystérieuse, et son visage exprima une radieuse surprise. Vers trois heures, elle fut envahie par d'intolérables souffrances ; ramassant toutes ses forces pour saisir le crucifix qu'elle avait sur le cœur, elle le porta amoureusement à ses lèvres, fit un grand signe de croix, et, penchant la tête, elle rendit le dernier soupir.

La mort de sœur Marie-Bernard devint pour Nevers un véritable événement. Aussitôt qu'elle fut connue, on vit une foule nombreuse se presser autour de la dépouille mortelle, exposée dans la chapelle du couvent ; tous voulaient posséder des objets qu'on lui avait fait toucher. Pendant trois jours le concours a été toujours en augmentant. Plusieurs évêques et un nombreux clergé assistaient à ses funérailles. L'office était présidé par Mgr Lelong qui, après l'absoute, a adressé à l'assemblée une touchante allocution.

Le corps de l'humble religieuse fut enfermé dans un sarcophage de plomb, avec un procès-verbal sur parchemin, relatant les principales dates de la vie de Bernadette Soubirous, signé par Monseigneur, ses grands vicaires et autres personnes notables du clergé et de la ville, et déposé dans un tube de cristal hermétiquement clos. Un cercueil en bois de chêne enveloppe le sarcophage de plomb qui a été déposé dans une chapelle qui se trouve au milieu des jardins de la communauté. Cette chapelle est dédiée à saint Joseph, que Bernadette avait tant prié pendant sa vie.

Le pèlerinage de Lourdes a pris des proportions immenses : les pèlerins se comptent chaque année par centaines de mille, venus de tous les points de l'univers. Ce qu'il y a de touchant, c'est la confiance que chacun témoigne à Marie dont on a lieu chaque jour de reconnaître et de bénir davantage la puissance et la bonté.

Marie conçue sans péché! voilà le cri d'espérance qui depuis bien des années se répète mille et mille fois par jour à Lourdes, dans toutes les parties de la France et aux contrées les plus lointaines. Cri de confiance qui va droit au cœur de l'Immaculée Mère de Dieu et qui nous attire les bénédictions du Ciel.

XIV

NOTRE-DAME DES MONTS

(AVEYRON)

La chapelle de Notre-Dame des Monts ou de Ceignac, est assise sur une colline, entourée également d'autres collines, dans l'ancienne forêt de Cayrac, entre la Viaur et l'Aveyron.

Ce pèlerinage célèbre remonte à des temps très reculés. En 1150, un palatin hongrois y recouvra miraculeusement la vue par l'intercession de Notre-Dame. Ce prince, affligé à la fleur de l'âge de la plus triste cécité, quitta les bords du Danube avec cent hommes d'armes, pour demander à Notre-Dame des Monts la fin de ses longues souffrances. Il s'embarqua sur l'Adriatique et, après avoir longé les côtes de l'Italie, il entra dans le golfe de Lyon; mais une tempête effrayante vint disperser les navires de sa flottille, et ce fut non sans de grandes difficultés, que son écuyer le sauva dans une chaloupe qui parvint à gagner la côte. Triste de cet événement et déplorant le sort de ses compagnons d'armes, le seigneur aveugle, accompagné de son fidèle écuyer, s'enfonça dans les montagnes du Languedoc en se dirigeant, à petites journées, vers la chapelle de Notre-Dame ; il y arriva accablé de fatigue, mais plein d'espérance. Un chasseur, qui tendait ses lacets sur les rives verdoyantes de la Viaur, indiqua le gué de la rivière et les conduisit sur une éminence d'où l'on découvrait la petite église. Le prince ne put voir l'édifice religieux, mais il entendit le gai carillon de ses cloches matinales et, se prosternant sur l'herbe encore humide de rosée, il rendit grâces à Dieu et à Notre-Dame d'être enfin arrivé au terme d'un si long voyage.

Il entra plein de foi dans ce modeste sanctuaire et fit dire une messe solennelle à l'autel de la Vierge. La messe terminée et tandis que le prince palatin priait avec larmes devant l'image de Marie, un bruit d'armes, causé par des pèlerins qui se pressaient d'entrer dans le sanctuaire, attira son attention ; il lève ses yeux privés de lumière : ô surprise ! il voit sa bannière et ses gentilshommes prosternés. Un cri de joie et de reconnaissance lui échappe, il a recouvré la vue et ses fidèles Hongrois sont là ! Notre-Dame avait récompensé généreusement la foi de son vassal.

Sept lampes d'argent massif furent le don que le prince palatin offrit à Marie. Il fit sculpter dans le chœur de l'église son image et celle de son écuyer ; ils étaient représentés à genoux devant la statue de Notre-Dame. Une croix fut élevée sur la colline où il avait prié, et l'on y grava cette histoire en lettres gothiques.

Au nombre des bienfaiteurs de la chapelle de Notre-Dame

des Monts, on compte les ducs d'Arpajon, le cardinal de la
Pélagrua, neveu du pape Clément V, et une foule d'évêques.
Des lampes d'une grande richesse, des ornements précieux,
des *ex-voto* de toutes sortes furent donnés à Notre-Dame par
d'illustres pèlerins.

En 1652, un magnifique tableau fut offert par la ville de
Rodez, pour supplier Marie de préserver leur cité de la peste.
Le terrible fléau s'arrêta aux portes de la ville ; ce nouveau
bienfait attira un nombre considérable de pèlerins au sanctuaire de Ceignac qui acquit une grande célébrité.

XV

NOTRE-DAME DE L'OSIER

(ISÈRE)

Ce pèlerinage, fondé il y a moins de deux cents ans, est
plus célèbre par son origine miraculeuse que par son antiquité. Le petit hameau, possesseur de ce précieux sanctuaire,
est d'un aspect pittoresque. En quittant la grand'route, à
Vinay, l'on entre dans une vallée assez resserrée ; un chemin large et ombragé conduit à l'entrée d'un bois touffu, que
l'on évite en contournant le monticule sur le plateau duquel
sont deux chapelles et la demeure des prêtres chargés de
desservir le pèlerinage. Trois croix sont placées, à peu près,
à égale distance, aux trois avenues qui conduisent à l'Osier.

Quand on arrive à ce point, un attendrissement involontaire saisit l'âme... L'on éprouve déjà une protection sensible de Marie !... La ferveur de quelques pèlerins les pousse même jusqu'à faire pieds nus le reste du chemin.

Le Seigneur, pour donner aux hommes une nouvelle preuve de sa bonté, jeta les yeux sur le petit hameau nommé, à cette époque, les Plantées, et daigna choisir pour instrument des prodiges préparés en faveur de cette terre de bénédiction un simple laboureur, Pierre Port-Combet, hérétique. Ennemi, comme tous ses coreligionnaires, du culte de la sainte Vierge, sa vanité, à lui, était de profaner. Or, le jour de l'Annonciation de l'année 1649, Port-Combet résolut de se livrer à ses travaux ordinaires, malgré la défense de l'Église.

Vainement sa femme, Jeanne Peillon, qui était catholique, veut s'opposer à son dessein. L'hérétique se rit de ses avis, prend une serpe et une échelle et se dirige vers un osier pour en couper les branches ; mais, à mesure qu'il les coupe, ses mains et ses habits se couvrent de sang... Sa femme, pleine de foi, reconnaît l'existence d'un prodige et, pour en donner la preuve à son mari, abat quelques branches sans faire jaillir de sang. Deux voisins, bons catholiques, font la même expérience : Port-Combet, toujours incrédule, retourne à son travail et voit, une seconde et une troisième fois, le sang jaillir en plus grande abondance... Le bruit de cet événement attire beaucoup de monde. L'autorité ecclésiastique envoie sur les lieux ; les juges séculiers aussi, parce que, suivant l'édit de Henri IV, de 1598, confirmé par Louis XIII, les hérétiques étaient tenus de s'abstenir en public d'œuvres serviles les jours chômés par les catholiques. Le tribunal de la ville de Saint-Marcelin, après audition des témoins, condamna Port-Combet à une amende. Ainsi donc, se constatait devant les juges civils l'événement miraculeux pour lequel les juges ecclésiastiques venaient d'obtenir les témoignages les plus uniformes et les plus solennels. Devant les deux tribunaux, on fit mention de la grande quantité de sang qui avait découlé des branches de l'osier.

Port-Combet, soit par obstination, soit par crainte de ses coreligionnaires, hésitait encore. Mais le miracle de l'osier n'était que le prélude d'un événement plus extraordinaire et d'un intérêt plus touchant. La sainte Mère de Dieu se disposait à accomplir l'œuvre d'une grande miséricorde ! Au sein d'un petit hameau doit s'élever un trône auguste du haut duquel Marie invoquera le Seigneur et lui parlera de nos misères : Port-Combet doit se convertir ; il faut que tous ses voisins calvinistes, sans en excepter un seul, rentrent dans le giron de l'Église ; et, aujourd'hui encore l'on ne compte pas un seul protestant dans le bourg de l'Albe, d'où relevaient les Plantées.

Sept années s'étaient écoulées depuis le prodige de l'osier ; des miracles s'opéraient sous l'ombre de cet arbre ; néanmoins Port-Combet demeurait dans l'hérésie.

Vers la fin de mars de 1656, il se rend à son travail. Une dame se présente devant ses bœufs, un dialogue s'engage. Port-Combet entend des paroles foudroyantes : il est question de sa fin prochaine. Dans son trouble, il pique ses bœufs ; déjà la sainte Vierge, car c'est elle qui s'est présentée à l'hérétique, se détournait de lui. L'infortuné reconnaît sa faute ; il se met à la poursuite de la mystérieuse inconnue et lui tend des bras suppliants... Mais, au moment où il croit l'avoir atteinte, elle disparaît de ses yeux et s'élève dans les airs, laissant après elle comme une trace de rosée céleste. Comblé d'une ineffable consolation, le laboureur tombe à genoux et prend la résolution de se convertir. Ses coreligionnaires envoient quelques membres de leur secte pour s'informer de la réalité de l'apparition ; et ils suivent, peu après, l'exemple de Port-Combet. Celui-ci, étant tombé malade sur les entrefaites, abjure publiquement et meurt, après avoir reçu le sacrement de l'Eucharistie, avec les sentiments d'une foi pure et animée.

Impossible de raconter toutes les merveilles qui suivirent ce second événement : guérisons, conversions, grâces de toutes sortes obtenues dans les premières années de pèlerinage. Une croix, plantée au pied de l'osier, avait été, pendant sept ans, sa seule marque extérieure. En 1657, après la conversion de Port-Combet, un oratoire s'éleva et renferma l'osier dans son modeste parvis.

Cependant, une année s'était à peine écoulée que l'affluence des pèlerins donna la pensée de bâtir une vaste chapelle, et ce fut par les soins et aux frais de Marguerite de Montagny, marquise de l'Estang, déja fondatrice de l'oratoire. A trois cents pas de cette église, à l'extrémité d'une allée d'arbres qui la couvrent de son ombrage, est la chapelle appelée par la voix publique, depuis sa fondation, Notre-Dame de Bon-Rencontre ; elle fut bâtie à l'endroit même où la sainte Vierge apparut à Port-Combet et lui apprit les desseins de miséricorde qu'elle avait sur l'humble hameau des Plantées. Les fidèles ont toujours eu une vénération toute particulière pour cet oratoire : trop étroit pour qu'on pût y offrir convenablement le saint sacrifice de la messe, ce lieu réclamait depuis longtemps une entière reconstruction ; d'ailleurs, après les réparations de l'église principale, on ne pouvait oublier une chapelle qui rappelle de si touchants souvenirs. On proposa de la réédifier ; au même instant, des personnes pieuses réunirent à cet effet de généreuses offrandes, et c'est à leurs frais qu'on a rebâti et agrandi avec beaucoup de goût ce précieux monument.

Des religieux de Saint-Augustin sont alors nommés pour desservir les deux chapelles ; ils s'y consacrent à l'édification des peuples, à la gloire toujours croissante de la dévotion de Notre-Dame de l'Osier, au milieu d'une foule de miracles, qui se succèdent sans relâche.

Viennent les jours de deuil pour la religion en France. Une partie de l'osier miraculeux et de l'image de Marie échappèrent seuls à la dévastation horrible qui eut lieu. Tous les objets du culte furent brûlés : l'église fut fermée ; mais le respect et l'amour de Notre-Dame de l'Osier ne furent point déracinés du cœur des chrétiens. Des pèlerins venaient prier à la porte de l'église et, pleins d'une confiance admirable, ils laissaient leurs offrandes aux habitants du hameau et les conjuraient de les présenter en leur nom, quand on rouvrirait le sanctuaire où ils ne pouvaient pénétrer.

L'aurore d'un meilleur avenir se leva pour les âmes fidèles. Un immense concours eut lieu à l'ancien pèlerinage. De nombreux miracles vinrent consoler l'amour des uns et raffermir la foi des autres.

De grandes réparations ont été faites à la chapelle ; des

prêtres zélés se sont placés, comme anciennement, dans les bâtiments qui l'entourent. Des indulgences plénières et partielles ont été accordées par notre saint-père le pape Grégoire XVI.

XVI

NOTRE-DAME DE PEYRAGUDE

(LOT-ET-GARONNE)

Sur le plateau qui domine la vallée de Sainte-Foi-de-Penne et le bassin de Villeneuve, d'où l'on jouit d'une perspective des plus délicieuses, une jeune bergère faisait paître ses moutons ; mais ces splendides beautés de la nature étaient loin de réjouir le regard de l'enfant, qui n'y prenait aucune attention ; elle baissait tristement la tête, et de grosses larmes roulaient sur ses joues pâles et amaigries par les souffrances. Tout en gardant son troupeau, elle se promène lentement et arrive vers le rocher où s'élevait jadis la tour princière ; là, au pied d'une saillie du roc, elle s'agenouille, joint les mains et invoque Dieu qu'elle nomme son père, et la sainte Vierge, sa bonne mère. Elle prie longtemps et avec instance : mais ses forces l'abandonnent, elle s'affaisse sur elle-même et perd connaissance. Une pâleur mortelle mêlée de teintes violettes se répand sur son doux visage. Le froid était vif, la neige commençait à tomber : la pauvre enfant allait mourir... Mais voici qu'une belle et noble dame, vêtue d'une robe blanche et étoilée d'or, la soulève doucement et lui dit :

— Conte-moi ta peine, mon enfant. A cette voix harmonieuse, la jeune fille revient à elle ; la vue de la gracieuse dame qui lui sourit avec bonté lui cause le plus grand étonnement.

— Ne crains rien, mon enfant, reprend la dame ; dis-moi quelle est ta souffrance.

— J'ai faim, répond la pauvre enfant ; mon père et ma mère ont faim.

— Et moi aussi, j'ai faim, dit la dame. Cours au village et dis à ta mère de cuire un pain pour toi, pour elle et ton père, et pour moi. J'en veux ma part ; j'aime le pain des larmes.

— Ah ! dit la jeune fille, nous n'avons pas même le pain des larmes, ni celui du travail, et tout à l'heure je demandais l'aumône à Jésus et à la Vierge Marie, car je n'espère plus qu'en eux.

— Ta prière est montée au Ciel, ma fille ; Dieu, qui donne la nourriture aux petits oiseaux et qui revêt les lis des champs, pourrait-il ne pas écouter l'enfant qui lui demande le pain de tous les jours ? Va donc au village et laisse-moi la garde de ton troupeau. La gerbe a donné son grain, et la pâte fermente au pétrin de ta mère.

La bergère hésitait encore ; mais comment résister à cette autorité si pleine de douceur ? Elle court chez sa mère, mais, comme la pauvre femme n'ajoute aucune foi à ses paroles, elle ouvre le pétrin, qu'elle trouve rempli d'une pâte superbe et levée à point. Vite on se met à l'œuvre ; le four est bientôt assez chaud, et, dès que le pain est cuit, les bonnes gens se dirigent vers la montagne, car ils ne veulent pas en manger avant que d'en avoir offert à la dame si bonne et si gracieuse. Mais vainement ils la cherchent ; il n'y a plus sur le plateau que les brebis de la bergère. Son agneau favori vient au-devant de la famille et la guide en bêlant vers la roche, à l'angle de laquelle il se met à genoux.

La jeune fille entre dans la grotte ; un parfum suave s'en exhale, une mousse fraîche en tapisse le fond, et sur cette mousse repose une gracieuse statue de la Vierge. Elle s'en empare, la baise avec amour et la transporte à l'Église du village. Elle y retourne le lendemain, pour prier devant cette sainte image ; mais, ô déception ! elle ne l'y retrouve plus. S'étant rendue à la grotte, elle aperçoit en entrant sa chère statue, dont la vue la transporte de joie. Elle ne peut s'expliquer comment elle se trouve là ; elle emporte de nouveau son précieux trésor dans l'église de Mercadiel, dont la demeure lui semble plus digne de l'auguste personne que l'image représente, et plus propice pour y recevoir les hommages des fidèles ; mais ce que Dieu veut, il le veut bien ; le même miracle se renouvelle encore une fois, et l'humble fille des champs comprend enfin que la sainte Vierge veut être honorée au lieu même où elle daigna se montrer à elle pour la consoler et la soulager.

Sa pauvreté ne lui permettait pas de former le projet d'élever une chapelle en ce lieu béni ; mais le bruit de ces miracles et de ceux qui s'opéraient à la grotte s'étant propagé au loin, les dons affluaient de toutes parts. La chapelle, qui fut bâtie à l'endroit même de l'apparition, prit le nom de

Notre-Dame de Peyragude ou Pierre Aiguë. Elle était très
célèbre au commencement du xııı° siècle, époque à laquelle
Simon de Montfort s'empara du château de Penne, qui tenait
pour les Albigeois. D'après un pieux historien, saint Domi-
nique, qui accompagnait le vaillant chef des croisés, allait
souvent prier au pied de la madone miraculeuse.

En 1563, cette église fut complètement détruite par les
calvinistes, et les pieuses générations ont gémi longtemps
sur cette destruction sacrilège.

Les maux du pays grandissaient avec les ans ; à la suite
de la guerre, la famine et la peste y sévissaient cruellement,
le nombre des décès augmentait chaque jour ; les habitants
de Penne, se voyant menacés d'une mort affreuse, tournèrent
leurs regards suppliants vers Celle qui les avait comblés de
ses faveurs. « La confrérie des Pénitents, qui était alors
composée des hommes les plus recommandables de la ville
et des environs, fit vœu de rebâtir l'église de Notre-Dame de
Peyragude et d'y aller en procession nu-pieds les jours de
Noël, de Pâques, de la Fête-Dieu, de Saint-Jean et de la
Toussaint, et ce, à perpétuité. A peine fut-elle arrivée sur
l'emplacement de Notre-Dame, où le *Sancta Maria* fut
entonné, que les pestiférés se sentirent guéris. Cette procession a eu lieu jusqu'à la Révolution, avec la seule diffé-
rence qu'il n'y avait plus que celui qui portait la croix qui
était nu-pieds. »

La reconnaissance fut grande, et chacun voulut, suivant
ses moyens, contribuer à la reconstruction de l'église, qui
s'éleva activement et sans obstacle.

En 1668, le sanctuaire béni fut achevé et richement orné.

Son tabernacle avait six pieds de haut, six pieds de large et six statues dorées. L'une des deux chapelles latérales était dédiée à saint Joseph, et l'autre à saint Roch, en mémoire de la peste dont le pays avait été miraculeusement délivré. Un flot de lumière resplendissait dans le sanctuaire de Marie, et des milliers d'*ex-voto* se suspendaient à la muraille, en reconnaissance des grâces obtenues par l'intercession de Notre-Dame. Chaque jour vit s'accroître le nombre des pèlerins, et chaque jour aussi, de nouveaux prodiges récompensaient leur foi. Mais il est dans l'histoire des nations, comme dans la vie humaine, des phases douloureuses dont elles ne sortent que par la dévastation, le pillage, l'incendie et le meurtre. La France nous en offre un exemple dans la terrible Révolution, qui fit main basse sur tous les trésors que renfermaient les églises, dus à la piété des fidèles ; non contents de les avoir ruinées, ces forcenés vendirent les unes, brûlèrent ou démolirent les autres. Le sanctuaire de Notre-Dame de Peyragude fut de ce nombre ; toutefois, la miraculeuse image avait été sauvée. Cette tourmente révolutionnaire était à peine apaisée que la gracieuse madone alla orner l'église de Mercadiel. Pour satisfaire à la piété des fidèles, accourus de tous côtés, il fallut laisser la statue exposée nuit et jour.

« Cette pieuse image, dit l'abbé Pouget, objet de tant d'hommages, instrument de tant de prodiges de miséricorde, ne devait pas rester toujours dans un sanctuaire emprunté, comme un étranger sous la tente hospitalière. »

Une nouvelle épidémie (la suette) vint désoler le pays en 1842, sans faire une seule victime à Penne ; en reconnaissance de ce nouveau bienfait, on se mit à l'œuvre pour la reconstruction de la chapelle de la Pierre-Aiguë.

Aujourd'hui, la Vierge miraculeuse repose dans son sanctuaire vénéré, nid gracieux qui, du haut du plateau, semble se pencher sur le vallon pour donner accès à tous. Là, comme autrefois, Marie se plaît à combler ses dévots pèlerins des inépuisables trésors de sa bienfaisance, et son oreille attentive entendra toujours l'accent de leurs prières.

XVII

NOTRE-DAME DU PORT

(PUY-DE-DÔME)

L'église de Notre-Dame du Port, à Clermont, a été fondée par saint Avit vers l'an 560 ; détruite par les Normands trois cents ans après sa fondation, elle fut reconstruite par saint Sigon, quarante-deuxième évêque de Clermont.

Cette église est célèbre dans toute l'Auvergne par la statue qui lui a donné son nom et par le nombreux concours de pèlerins qui viennent depuis des siècles prier dans sa chapelle souterraine comme dans un sanctuaire privilégié. Cette chapelle est bâtie sous le chœur de la grande église ; des colonnes qui correspondent au sanctuaire de l'église supérieure en soutiennent la voûte. On y descend par deux larges escaliers en pierre, qui se trouvent de chaque côté du maître-autel. Au centre existe un puits alimenté par une source d'eau vive.

L'autel est surmonté d'une niche en marbre blanc où repose la statue miraculeuse de Notre-Dame, sculptée en buis noir et qui doit remonter à la plus haute antiquité; elle n'a que trente-deux centimètres de hauteur; elle représente la Vierge tenant dans ses bras son divin Fils.

Il s'est opéré dans ce sanctuaire souterrain un grand nombre de miracles, revêtus de tous les caractères d'une parfaite authenticité, et il ne se passe pas de jour où la Vierge ne voie à ses pieds des malades, des infirmes, des affligés, des mères, des enfants, qui tous éprouvent les bienfaits de la charité compatissante de Celle qui ne fut jamais implorée en vain.

« Il est impossible, dit l'*Année de Marie*, de rendre par des paroles l'impression extraordinaire que l'âme reçoit dans ce sanctuaire mystérieux. L'impie lui-même, qui y vient parfois, conduit par la curiosité, éprouve le besoin d'y prier ; il sent comme malgré lui ses doutes s'évanouir, il entend plus distinctement dans son cœur la voix du remords. Là, en effet, tout est silencieux, tout est sombre, tout porte l'âme au recueillement et à la prière. Là point de richesses, point de décorations qui rappellent le luxe et les vanités du siècle. Tout y est pauvre, simple et modeste, comme la Vierge qu'on vient y vénérer et qui veut en être le seul ornement. Oh ! c'est bien avec raison qu'elle y est appelée Notre-Dame du Port, car ce sanctuaire est bien réellement un asile de paix, un lieu d'assurance et de repos. Nulle part on ne respire plus à l'aise : on y est si sûrement abrité contre la fureur de ses tempêtes.

« La foule recueillie et prosternée, la lumière des flambeaux qui brûlent devant l'autel, comme l'expression d'une demande ou d'une action de grâces ; les tribunaux sacrés, presque toujours remplis par de pieux fidèles, le tabernacle où Jésus-Christ repose pour guérir et consoler les âmes souffrantes, que sa divine Mère protège ; tout y porte à Dieu, tout y remplit le cœur de confiance, de sécurité, de bonheur. »

La fête de Notre-Dame du Port se célèbre dans le mois de mai. On y vient en foule de tous les points de l'Auvergne ; dès trois heures du matin il faut ouvrir les portes de l'église aux pèlerins empressés d'offrir à Marie les premiers vœux, les premiers hommages, les premiers mots d'amour qui seront tant de fois répétés durant la belle journée qui commence et durant plusieurs heures de la nuit qui suivra, car ce n'est que bien avant dans la soirée que les portes de l'église se referment.

Cette pieuse cité a gardé le souvenir de la miraculeuse intervention de Marie dans les calamités publiques, où une procession s'organisait pour demander grâce et prier Notre-Dame de conjurer le fléau. Pour fêter ce mémorable anniversaire, une procession solennelle a lieu le dimanche qui suit le 15 mai, à laquelle assistent un nombre considérable de fidèles. Rien de plus édifiant que le recueillement avec lequel ces religieuses populations suivent le parcours indiqué en chantant avec âme les louanges de leur chère Protectrice.

XVIII

NOTRE-DAME DE PONT-MAIN

(MAYENNE)

La France, envahie par les Prussiens, était vaincue et épuisée ; Paris assiégé souffrait les horreurs de la famine ; les rigueurs d'un hiver extrêmement froid aggravaient encore le fléau de la guerre : c'est alors que la très sainte Vierge daigna apparaître pour apporter à son peuple de prédilection des paroles de consolation et d'espérance. Elle choisit pour se manifester le petit bourg de Pont-Main, situé à seize kilomètres de Fougères, sur les confins des diocèses de Laval et de Rennes.

C'était le mardi 17 janvier 1871, vers six heures du soir : Eugène Barbedette, enfant de douze ans, regardant par la porte de la grange où il était occupé avec son père et son jeune frère Joseph, âgé de dix ans, aperçut dans les airs, un peu au-dessus et en arrière de la maison Guidecoq, qui se trouvait en face de lui, une grande et belle dame qui le regardait en souriant. Il appelle son frère, son père et une femme du village qui causait avec lui en ce moment. Mais son jeune frère seul aperçut ce qu'il voyait, et les voilà faisant exactement tous les deux la même description de la personne qu'ils avaient sous les yeux. Elle était vêtue d'une robe bleue, à larges manches, parsemée d'étoiles d'or. La robe tombait jusque sur la chaussure qui était bleue aussi, avec une boucle formée par un ruban d'or. Elle avait sur la tête un voile noir qui couvrait un tiers du front et retombait en arrière par-dessus les épaules jusqu'à la ceinture. Sur le voile une couronne d'or ayant à peu près la forme d'un diadème et sans autre ornement qu'un petit liseré rouge vers le milieu. Sa figure était très petite, très blanche et d'une bonté incomparable.

Bientôt, la mère Barbedette, les sœurs qui tiennent l'école de la paroisse, le vénérable curé et plus de soixante personnes se trouvent réunis à la porte de la grange. De tous ces assistants, deux pensionnaires des religieuses partagent le bonheur des enfants Barbedette; elles se nomment Françoise Richer, âgée de onze ans, et Jeanne-Marie Lebasse, âgée de neuf ans et demi. Les autres personnes ne furent témoins que de la joie et du bonheur des quatre privilégiés. Tous étaient convaincus que c'était la très sainte Vierge qui se manifestait ainsi.

La sainte Vierge avait d'abord l'attitude qu'elle a dans la médaille miraculeuse. Lorsque M. le curé arriva, il se forma autour de l'apparition un cercle bleu. Une petite croix rouge, comme la croix des pèlerins, se dessina sur le cœur de la sainte Vierge. On commença les prières. L'apparition grandit tout à coup, et au-dessous du cercle ovale bleu apparut une longue bande blanche dans laquelle les enfants purent lire les lettres successivement tracées qui forment ces mots : « Mais priez, mes enfants, Dieu vous exaucera en peu de temps, mon Fils se laisse toucher. » Ensuite ayant élevé les mains comme pour accompagner le chant du cantique : *Mère de l'Espérance*, la sainte Vierge parut tenant dans ses

mains un Christ rouge au-dessus duquel se lisait cette inscription : *Jésus-Christ.*

Ce fait miraculeux fut visible pendant trois heures. Après
les informations juridiques, Mᵍʳ Wicart, évêque de Laval,
confirma par un jugement doctrinal la vérité de l'apparition.

Le 17 janvier 1872, premier anniversaire du prodige, on
érigea, en présence de plus de huit mille pèlerins, une belle
statue de la très sainte Vierge, représentant l'apparition.
Depuis l'on a commencé la construction d'une magnifique
église sur l'emplacement même de la vision.

Le saint-siège a autorisé le clergé du diocèse de Laval à
réciter l'office et à célébrer la messe de l'Immaculée-Conception chaque année, le 17 janvier. Une archiconfrérie, sous le
titre de Notre-Dame de l'Espérance, a été instituée par un
bref du Pape dans le sanctuaire de Pont-Main.

XIX

NOTRE-DAME DE ROCAMADOUR

(LOT)

A une légère distance de Cahors est situé le pèlerinage de
Notre-Dame de Rocamadour, dans la partie la plus montagneuse
et la plus aride du Quercy.

Vers le iiiᵉ siècle, un saint anachorète s'enfonça dans un
labyrinthe de rochers escarpés, au-dessus du ravin étroit
et profond où le torrent de l'Alzon roule ses eaux tumul-

tueuses. Ce ravin s'appelait alors le Val ténébreux et abondait en bêtes féroces.

Le pieux solitaire se fit une cellule sur un des points culminants de la montagne et creusa dans le roc un oratoire à la Reine du Ciel. La population des riches vallées de Figeac et de Saint-Céré, qui l'apercevait de loin sur cette roche dont la hauteur donne des vertiges, le surnomma Rocamadour, c'est-à-dire l'amour de la roche.

La statue de Notre-Dame de Rocamadour remonte à la plus haute antiquité; elle est semblable à celles que les nouveaux chrétiens des Gaules vénéraient dans le creux des chênes.

La Vierge, petite et noire, tient l'Enfant Jésus sur ses genoux. Elle opéra de nombreux miracles en faveur de ceux qui vinrent la prier à son sanctuaire de rochers.

Les pèlerins se multiplièrent au point qu'en peu de temps une ville se bâtit au pied de la sainte montagne et devint une des principales cités du Quercy.

Ce pèlerinage était célèbre au temps de Charlemagne ; son neveu Roland vint à Rocamadour en 778 ; il offrit à Notre-Dame un don d'argent du poids de son épée, et après sa mort, aux champs de Roncevaux, pour se conformer à l'ordre qu'il avait donné, son épée fut portée au sanctuaire de Rocamadour. Cette arme ayant été perdue dans les siècles suivants, on la remplaça par un lourd bracmar en fer, qu'on nomme encore l'épée de Roland.

En 1170, le Quercy eut beaucoup à souffrir des Anglais, mais le sanctuaire de Notre-Dame fut épargné. Henri II, roi d'Angleterre et duc de Guyenne, encouragé par la reine

Éléonore sa femme, vint en pèlerinage à Rocamadour pour accomplir un vœu qu'il avait fait à la sainte Vierge pendant une grave maladie. Il laissa à Notre-Dame des marques de sa munificence. Parmi les pèlerins illustres qui vinrent rendre leurs hommages à la Reine du Ciel, on compte saint Louis accompagné de ses trois frères, de Blanche de Castille et d'Alphonse, comte de Boulogne, qui fut élu roi de Portugal ; Simon de Montfort, légat du pape, Armand Almaric, qui depuis fut évêque de Narbonne, le roi Charles le Bel, Jean, roi de Bohême, Louis XI, et une foule de puissants seigneurs. Tous enrichirent de leurs dons la chapelle miraculeuse de Rocamadour. Le pape Clément V, en 1314, fit un legs à ce sanctuaire, pour tenir perpétuellement un cierge allumé dans un bassin d'argent afin d'honorer Notre-Dame et se placer sous sa protection.

Fénelon, dont la France s'honore et dont le nom est si cher aux lettres et au catholicisme, vint plus d'une fois au sanctuaire de la montagne invoquer Celle à qui il avait été voué dès le berceau par sa pieuse mère. Deux tableaux suspendus en *ex-voto* dans la chapelle de la Vierge représentent deux époques solennelles de son existence. Dans le premier, il vient de naître et repose dans son berceau ; dans le second, jeune homme et déjà docteur, il vient offrir à sa céleste Protectrice les prémices de son génie naissant. A quelque distance est la tombe de sa pieuse mère, sur laquelle il a prié et pleuré et qu'il a voulu abriter du regard de la Reine des anges.

En 1546, la fête du Saint Sacrement et celle de saint Jean-Baptiste tombant le même jour, le pape Martin V accorda un jubilé à la sainte chapelle de Rocamadour ; le concours des peuples fut si grand que les pèlerins, n'ayant pu trouver à se loger, établirent des tentes dans la campagne, et que plusieurs personnes de tout âge et de tout sexe furent étouffées aux abords de l'église.

Le sanctuaire du rocher resplendissait d'*ex-voto* en or, en argent, en perles et en pierreries ; des princesses espagnoles en avaient travaillé de leurs mains les riches tentures, et quatorze lampes d'argent massif l'éclairaient nuit et jour.

La chapelle de Rocamadour était une proie trop séduisante pour échapper aux Huguenots ; le 3 septembre 1592, Duras, l'un des chefs du parti calviniste, s'empara de Rocamadour ; les croix furent brisées, les images mises en lambeaux, les statues des saints abattues et détruites ; le corps de saint Amadour, broyé à coups de marteau, fut indignement livré aux flammes ; les lames d'argent qui recouvraient sa châsse furent enlevées avec les *ex-voto* d'or et d'argent offerts par la dévotion des fidèles.

L'image miraculeuse échappa seule, on ne sait comment, à ces dévastations, ainsi qu'une petite cloche dont le son annonçait les miracles de l'Étoile des mers, et dont nous aurons à parler plus loin.

Les fidèles s'efforcèrent de réparer ce désastre. Avec les dons qui affluaient de toutes parts, le sanctuaire de Rocamadour recouvra bientôt son ancienne splendeur ; mais les athées de 93, après avoir pillé et saccagé l'église, renversèrent les monuments, qui couvrent aujourd'hui la montagne de leurs débris.

La statue de la Vierge fut de nouveau retrouvée saine et

sauve. Elle orne encore la chapelle, plus célèbre par ses souvenirs que par sa magnificence, et Notre-Dame de Rocamadour fait de nouveau éclater sa puissance et sa bonté dans son sanctuaire dévasté.

On remarque au dôme de la chapelle, dans un clocher vitré, une cloche sans corde. Laissons parler à ce sujet un ancien auteur : « Les pèlerins s'en étonnent et regardent cette cloche comme un poids inutile ; même il en est peu qui ne demandent la cause de cette omission et qui ne l'attribuent à la négligence du sacristain. Ces plaintes sont un sujet de joie pour les habitants du lieu, qui s'empressent d'exalter une faveur par laquelle la Vierge manifeste sa toute-puissante miséricorde dans ce sanctuaire. Lorsqu'il y a, disent-ils, sur les côtes de la mer les moins éloignées de nous un catholique en danger d'être englouti par les eaux, qu'il se recommande instamment à Notre-Dame de Rocamadour et s'engage par vœu à visiter la chapelle, cette cloche, par un prodige dont nous sommes tous témoins, donne le signal d'alarme sans qu'on puisse découvrir aucune cause physique du son qu'elle produit. Alors, nous nous rendons devant l'image de la Vierge avec ceux qui sont chargés du soin de la chapelle et nous prions pour le serviteur de Marie, que nous ne voyons pas encore, mais que nous devons voir dans quelques jours, délivré du danger où il est au moment où nous prions ; il est même un registre que nous ont transmis nos ancêtres, dans lequel on marque le jour et l'heure du prodige. Nous mettons ces indications sous les yeux des pèlerins qui viennent du côté de la mer, avant qu'ils nous parlent du danger qu'ils ont couru, et grande est la surprise lorsqu'ils y trouvent désigné le temps où ils luttaient contre une mer prête à les ensevelir dans ses abîmes. Pour nous, quel que soit leur étonnement, nous les accueillons sans émotion, tant la répétition de ce prodige nous a familiarisés avec ce qu'il a de merveilleux. »

Plusieurs autres écrivains font mention de cette cloche ; Bertrand Delatour dit « qu'elle a plusieurs fois rendu d'elle-même un son prodigieux et surnaturel, surtout dans les occasions où des malheureux exposés aux périls de la mer recouraient à Marie, l'Etoile bienfaisante ».

Pendant l'octave de la Nativité, principale fête de ce saint lieu, on y voit affluer un nombre considérable de pèlerins. Les pieux serviteurs de cette divine Mère ne négligent rien pour lui témoigner leur reconnaissance et se la rendre propice dans les dangers.

XX

NOTRE-DAME DE LA SALETTE

(ISÈRE)

La Salette n'est éloignée de Corps que de six kilomètres ; le chemin qui y conduit est tracé sur les pentes aplanies d'une chaîne de petites montagnes qui n'est séparée d'une autre chaîne parallèle et plus élevée que par le torrent de la Salette, qui se précipite au fond d'une gorge, avant son déversement dans le Drac. A l'origine couvert de vigoureux noyers, il s'avance ensuite à pic sur le ravin, en offrant une surface sinueuse, et parcourt une campagne, là boisée d'arbres serrés et de broussailles, ici cultivée en céréales malgré l'inclinaison du sol, en présence de la perspective lointaine des glaciers de Turbat et des neiges qui brillent sur les points culminants.

A peine s'est-on avancé d'un kilomètrè dans le passage des Traverses qu'une modeste croix nouvellement plantée sur le penchant de la montagne de Corps invite le voyageur au recueillement et à la prière, dès le début de son pèlerinage. La nature silencieuse, tantôt sévère et tantôt gracieuse, n'est pas moins jalouse de porter son esprit et son cœur à des sentiments tout à la fois de sérénité, d'humilité et de noblesse.

A mesure qu'on approche du lieu sacré, la voie s'ouvre de plus en plus abrupte, difficile, rocailleuse ou humide. Après avoir été enseveli au fond des collines, on gravit en serpentant les contours des côtes, et l'on s'avance en zigzags, allant et revenant en sens opposés.

Quel bonheur n'éprouve pas le pèlerin en arrivant à une croix qui lui annonce qu'il n'est plus qu'à deux kilomètres du Plateau vers lequel il porte son cœur! C'est alors qu'il lui faut ranimer son courage et vaincre les obstacles d'une marche pénible sur les bords escarpés de la sainte montagne au-dessus d'un précipice profond, où roule, à l'époque des pluies, le ruisseau de la combe du Passet.

En arrivant sur le mont sacré où se sont accomplis de si grandes merveilles, le pieux pèlerin sent son âme se dilater et sa vue se réjouir ; puis, oubliant sa lassitude, il mêle avec les autres fidèles ses chants et ses prières, et, heureux d'offrir à Marie ses fatigues comme preuve de son amour, il ne soupire plus qu'au moment où il va aller se désaltérer à la fontaine miraculeuse et reconnaître les traces de l'auguste Mère de Dieu.

Nous empruntons à M. l'abbé Barthe, qui a étudié d'une manière toute particulière la question de la Salette, l'exposé du fait mémorable qui s'est accompli en ce lieu.

Le samedi 19 septembre 1846, veille de la fête de Notre-Dame des Sept-Douleurs, qui, suivant la liturgie romaine, se célèbre le troisième dimanche de ce mois, Mélanie Mathieu, âgée de quatorze ans, et Maximin Giraud, âgé de onze ans, tous deux nés à Corps, chef-lieu de canton du département de l'Isère, dans le diocèse de Grenoble, se trouvaient, Mélanie, depuis le mois de mars précédent, Maximin, depuis seulement le lundi 14, au hameau des Ablendins, commune de la Salette. La petite fille était au service de Baptiste Pra, propriétaire, et le petit garçon chez Pierre Selme, cultivateur, dont il remplaçait provisoirement le berger, qui était malade. Ces deux enfants, qui se connaissaient à peine, étaient partis chacun du domicile de leur maître dès le lever de l'aurore de ce même jour, munis de leurs petites provisions ; ils se rencontrèrent conduisant leurs vaches et arrivèrent ensemble sur le mont dit *sous les Buisses*, séparé d'autres montagnes par un ravin appelé le *Sézia*. Le plateau dont il s'agit est à huit kilomètres de toute habitation ; jusque-là, il n'était connu que de quelques villageois, de quelques pauvres pâtres ; à cette époque, il se trouvait couvert d'une belle verdure, mais on n'y voyait pas le plus petit arbuste, à mille mètres à la ronde.

« Vers midi, heure indiquée par les sons lointains de l'*Angelus*, qu'entendaient les deux enfants, ils prirent leurs provisions, s'assirent auprès de la fontaine aujourd'hui continue, alors entièrement tarie et à sec, et ils mangèrent. Puis, voulant boire, ils furent obligés de remonter le ruisseau jusqu'à une autre source appelée *des hommes* par les pâtres de la montagne, pour la distinguer d'une autre située au-dessous de la fontaine de l'apparition et qui était appelée *des bêtes*, parce que les troupeaux allaient s'y désaltérer. Après leur petit repas frugal, ils descendirent, traversèrent le *Sézia* et placèrent leurs sacs séparément près de cette fontaine, qui alors se trouvait tarie et qui devait devenir le lieu à jamais célèbre de l'apparition. Ils descendirent encore quelques pas, et, contrairement à leur habitude, s'étant couchés à une petite distance l'un de l'autre, ils dormirent. Mélanie s'éveilla la première et, ne voyant plus ses vaches, éveilla Maximin. Alors, ils traversèrent ensemble le ruisseau, montèrent en ligne droite au bord opposé ; puis, se retournant un peu, ils virent leurs vaches couchées sur le penchant du mont Gorgon. La journée était belle, le ciel pur et sans nuages ; le soleil brillait dans tout son éclat. A peine s'étaient-ils tournés pour revenir à la fontaine tarie prendre eurs petits sacs qu'ils aperçurent une lumière éblouissante. Mais écoutons-les eux-mêmes dans leurs récits, conformes au fond et presque dans les termes, de telle sorte que la critique la plus sévère ne peut y découvrir que ces différences insignifiantes qui, d'après les théologiens et tous juristes, prouvent qu'il n'y a pas eu de collusion et ne font que rendre le témoignage plus indubitable. »

Nous ne reproduirons ici que le récit de Mélanie, qui, quoique moins accentué que celui de Maximin, contient des détails particuliers sur le costume de la sainte Vierge, qu'elle décrit avec une minutieuse exactitude et qu'il entrait davantage dans ses instincts de jeune fille, et à sa nature très posée, d'observer avec une curieuse attention.

Nous étions endormis, dit-elle ; puis je me suis réveillée la première et je n'ai pas vu mes vaches. J'ai réveillé Maximin : « Maximin, j'ai dit, viens vite, que nous allions voir nos vaches ! » Nous avons passé le ruisseau, nous avons vu de l'autre côté nos vaches couchées ; elles n'étaient pas loin. Je suis redescendue la première, et, lorsque j'étais à cinq à six pas avant d'arriver au ruisseau, j'ai vu une clarté comme le soleil, encore plus brillante, mais pas de la même couleur, et j'ai dit à Maximin : « Viens vite voir une clarté là-bas ! » Maximin est descendu en me disant : « Où est-elle ? » Je lui ai montré avec le doigt la petite fontaine, et il s'est arrêté quand il l'a vue. Alors, nous avons vu une Dame dans la clarté, la tête dans ses mains. Nous avons eu peur, j'ai laissé tomber mon bâton ; alors Maximin m'a dit : « Garde ton bâton, va ; moi, je garde le mien ; s'il nous fait quelque chose, je lui donnerai un bon coup de bâton. » (L'enfant sourit en racontant cette circonstance.)

Et la Dame s'est levée, a croisé les bras et nous a dit : « Avancez, mes enfants, n'ayez pas peur, je suis ici pour « vous conter une grande nouvelle. »

Et nous n'avons plus eu peur, nous nous sommes avancés,

nous avons passé le ruisseau, et la Dame s'est avancée vers nous autres, à quelques pas de l'endroit où elle s'était assise, et elle nous a dit :

« Si mon peuple ne veut pas se soumettre, je suis forcée de laisser aller le bras de mon Fils.

« Il est si lourd et si pesant que je ne puis plus le retenir.

« Depuis le temps que je souffre pour vous autres ! si je veux que mon Fils ne vous abandonne pas, je suis chargée de le prier sans cesse pour vous autres qui n'en faites pas cas.

« J'ai donné six jours pour travailler, je me suis réservé le septième, et l'on ne veut pas me l'accorder. C'est ce qui appesantit tant le bras de mon Fils.

« Ainsi, ceux qui mènent les charrettes ne savent plus jurer sans mettre le nom de mon Fils.

« Ce sont les deux choses qui appesantissent tant la main de mon Fils.

« Si la récolte se gâte, ce n'est rien qu'à cause de vous : je vous l'ai fait voir l'année passée par les pommes de terre ; vous n'en avez pas fait cas. C'est au contraire : quand vous trouviez des pommes de terre gâtées, vous juriez, vous mettiez le nom de mon Fils. Elles vont continuer, que cette année pour Noël il n'y en aura plus. »

Et puis, moi, je ne comprenais pas bien ce que cela voulait dire, des pommes de terre. J'allai dire à Maximin ce que voulait dire des pommes de terre, et la Dame nous dit :

« Ah ! mes enfants, vous ne comprenez pas : Je m'en vais vous le dire autrement (en patois de Corps) » ; puis elle a continué :

« Si vous avez du blé, il ne faut pas le semer ; tout ce que vous sèmerez, les bêtes le mangeront ; ce qui viendra tombera en poussière quand on le battra.

« Il va venir une grande famine.

« Avant que la famine vienne, les petits enfants au-dessous de sept ans prendront un tremblement, mourront entre les bras de ceux qui les tiendront. Les autres feront pénitence par la famine.

« Les raisins pourriront, et les noix deviendront mauvaises.

« Si on se convertit, les pierres et les rochers se changeront en monceau de blé, les pommes de terre se trouveront ensemencées par la terre.

Puis elle nous a dit :

« Faites-vous bien votre prière, mes enfants ? »

Tous deux nous répondîmes ;

« Oh ! non, Madame, pas guère. » Et elle nous dit :

« Ah ! mes enfants, il faut bien la faire soir et matin. Quand vous n'aurez pas le temps, dites seulement un *Pater* et un *Ave Maria*, et, quand vous aurez le temps, en dire davantage.

« Il ne va que quelques femmes un peu âgées à la messe ; les autres travaillent tout l'été, et puis ils vont l'hiver à la messe rien que pour se moquer de la religion. Le carême, ils vont à la boucherie comme des chiens.

« N'avez-vous jamais vu du blé gâté, mes petits ? »

Je lui répondis : « Oh ! non, Madame, nous n'en avons jamais vu. »

« Vous devez bien en avoir vu, vous, mon enfant (en

s'adressant à Maximin), une fois vers la terre du *coin*, avec votre père. Le maître de la pièce dit à votre père d'aller voir son blé gâté ; vous y êtes allés tous les deux. Vous prîtes deux ou trois épis dans vos mains, les froissâtes, et tout tomba en poussière ; puis vous vous en retournâtes. Quand vous étiez encore à une demi-heure de Corps, votre père vous a donné un morceau de pain et vous a dit : « Tiens, « mon enfant, mange encore du pain cette année, je ne sais « pas qui en mangera l'année prochaine si le blé continue « encore comme ça. » Maximin a répondu : « Oh ! oui, « Madame, je m'en souviens à présent ; tout à l'heure je ne « m'en souvenais pas. »

Après cela, la Dame nous dit :

« Eh bien ! mes enfants, vous le ferez passer à tout mon peuple. »

Elle a passé le ruisseau et a retourné nous dire :

« Eh bien ! mes enfants, vous le ferez passer à tout mon peuple. »

Puis elle est montée jusqu'à l'endroit où nous étions allés pour regarder nos vaches. Elle ne touchait pas l'herbe, marchait à la cime de l'herbe. Nous la suivions avec Maximin ; je passai devant la Dame, et Maximin un peu à côté, à deux ou trois pas. Et puis, cette belle Dame s'est élevée un peu en haut (Mélanie fait un geste en élevant la main d'un mètre, ou un peu plus, au-dessus de la terre) ; puis elle a regardé le ciel, puis la terre ; puis nous n'avons plus vu la tête, plus vu les bras, plus vu les pieds ; on n'a plus vu qu'une clarté en l'air ; après, la clarté a disparu. Et j'ai dit à Maximin : « C'est peut-être une grande sainte ! » Et Maximin m'a dit :

« Si nous avions su que c'était une grande sainte, nous lui aurions dit de nous emmener avec elle. » Et je lui ai dit : « Oh ! si elle y était encore ! » Alors Maximin lança la main pour attraper un peu de clarté, mais il n'y eut plus rien. Et nous regardions bien pour voir si nous ne voyions plus, et je dis : « Elle ne veut pas se faire voir, pour que nous ne voyions pas où elle va. » Ensuite, nous fûmes garder nos vaches.

Mélanie ajoute que cette Dame, après avoir parlé des noix et des raisins, lui a dit un secret en français, mais qu'avant qu'elle le lui ait dit, il lui semblait qu'elle parlait à Maximin sans rien entendre elle-même, et que la Dame leur a défendu de le dire. Mélanie fait ainsi le portrait de la sainte Vierge :

Elle avait la taille haute et majestueuse, la figure allongée, le teint clair, et les cheveux entièrement cachés. Sa tête était de toutes parts environnée de rayons et occupait le centre d'une sphère, dont la clarté allait s'affaiblissant insensiblement vers la surface. Elle était couronnée d'un diadème de fleurs, parmi lesquelles dominaient les roses ; et du calice de ces fleurs, même des boutons, sortaient des aigrettes lumineuses, qui, en se redressant, formaient un faisceau qui lui servait de coiffure. Une bande blanche, recourbée, partait de la nuque, remontait jusqu'au sommet de la tête et semblait soutenir cette coiffure. La Dame portait des souliers blancs avec de magnifiques boucles jaunes, et des semelles d'une grande blancheur, ornées d'une garniture de roses variées de petite dimension. Elle avait, en outre, des bas jaunes et un tablier de même couleur, parsemé de paillettes d'or et ne descendant qu'à mi-jambes. Sa robe blanche, rehaussée de paillettes pareilles, affleurait aux boucles de ses souliers et avait de larges manches qui tombaient au-dessous des mains. Son fichu, également blanc, montait si haut sur les épaules qu'il cachait jusqu'à la naissance du cou ; les bouts en étaient noués et pendants par derrière, et tout autour régnait une frange de roses de diverses nuances ; au-dessus de son bord supérieur, cette frange était accompagnée d'un galon d'or, imitant une chaîne avec des anneaux sans saillie, les uns sur les autres. Une petite gance ouvragée, semblable au galon, supportait, à son cou, un crucifix jaunâtre, à reflet métallique, et d'une hauteur de vingt-cinq centimètres ; des tenailles à droite, et un marteau à gauche, ayant leurs poignées en bas, étaient suspendus sans être attachés.

Mélanie dit, comme Maximin, qu'elle ne jetait que des coups d'œil rapides sur la très sainte Vierge, tout offusquée qu'elle était par les rayons qui l'empêchaient de la regarder fixement, rayons dont elle compare l'éclat à celui du soleil.

Mélanie observa enfin, pendant l'apparition de la sainte Vierge, de grosses larmes qui coulaient sans interruption sur son visage.

Le soir même de cette mémorable journée, les jeunes pâtres firent le récit à leurs maîtres respectifs, Baptiste Pra et Pierre Selme, et, le lendemain matin, à M. le Curé de la Salette, puis à M. Peytard, maire de cette commune, et les jours suivants aux habitants de la Salette et à ceux de Corps. Maximin rentra chez son père le lendemain de l'apparition.

M. le maire de la Salette et d'autres fonctionnaires publics interrogèrent les deux enfants et déployèrent d'inutiles efforts pour les déconcerter: ils traitèrent Mélanie de conteuse de chimères et de visionnaire. Alors, sans se déconcerter, elle s'écria naïvement : « Je ne suis pas chargée de vous faire croire ces choses, mais seulement de vous les dire. » Les fonctionnaires, vaincus, ne déposèrent pas pour cela les armes ; et lui livrant un nouvel assaut: « Votre prétendue Dame, dirent-ils, a disparu dans un nuage. — Oh! non, reprit Mélanie, vous êtes dans l'erreur, puisqu'il n'y avait aucun nuage le jour de l'apparition. » Une autre personne l'ayant importunée de la même question, elle lui ferma ainsi subitement la bouche: « Eh bien! enveloppez-vous, Monsieur, d'un nuage et disparaissez, puisque cela est si facile. »

On alla jusqu'à suggérer à Mélanie que l'acteur véritable était le démon ; qu'en effet il avait la faculté de se transformer en ange de lumière, et que sa puissance était si extraordinaire qu'il avait enlevé Notre-Seigneur pour le mettre sur le pinacle du temple de Jérusalem. Elle protesta que cela était impossible, attendu que le démon ne défendrait pas le blasphème et que Dieu ne souffrirait pas que ce mauvais esprit profanât la croix sur laquelle il était mort et avec laquelle il avait racheté le monde; que, d'ailleurs, si Notre-Seigneur avait supporté cette tentation du démon, c'était avant d'être glorifié.

Il serait aisé de multiplier les admirables répliques de Mélanie aux champions les plus astucieux. L'esprit de sagesse incréé parlait par la bouche de ces deux bergers ignorants, frêles et timides instruments dont il se servait à son gré. Le juge de paix de Corps les menace sérieusement, soit de la prison, soit d'autres châtiments, si plus tard on vient à découvrir quelque mensonge dans leur déposition. Tous les stratagèmes imaginables pour les séduire et les ébranler ont échoué. Mgr Dupanloup fit subir aux enfants de rudes interrogatoires et tenta d'inutiles efforts pour les surprendre, surtout à l'endroit de leur secret, qu'ils persistèrent à garder avec une fidélité et une soumission à la très sainte Vierge au-dessus de leur âge. Chercher à pénétrer leur secret était en quelque sorte tenter de saisir une goutte d'eau mêlée à l'immensité de l'Océan.

« Cette Mélanie, ce Maximin changent subitement de nature, dit Mgr Dupanloup, dès qu'on les ramène au grand événement : ils prennent, comme involontairement, quelque chose de si singulièrement simple et si ingénu, quelque chose aussi de si respectueux pour eux-mêmes en même temps que pour ce qu'ils disent, qu'ils inspirent aussi à ceux qui les écoutent et leur imposent une sorte de crainte religieuse pour les choses dont ils parlent et une sorte de respect pour leurs personnes.

« Ils ne répondent aux questions qu'on leur adresse que de la manière la plus simple et la plus brève. Dès qu'il s'agit du grand événement, ils paraissent ne plus avoir aucun défaut ordinaire à leur âge, surtout ils ne sont en rien conteurs et bavards... Le fait certain est qu'ils n'ont, ni l'un ni l'autre, aucune envie de parler de cet événement, qui les rend cependant si célèbres. Ils n'en causent jamais inutilement avec personne, ni avec les religieuses qui les élèvent, ni avec les étrangers. Quand on les interroge, ils répondent, ils disent le fait simplement si c'est le fait qu'on leur demande, n'ajoutent rien à ce qui est nécessaire et ne retranchent rien non plus. Ils ne refusent du reste jamais de répondre aux questions qu'on leur adresse ; mais on ne péut venir à bout de les faire parler au-delà d'une certaine mesure. Vous auriez beau multiplier les questions indiscrètes, leur réponse ne l'est jamais. La discrétion, la plus difficile de toutes les vertus, leur est naturelle (sur ce point seulement) à un degré inouï... »

Transportons-nous maintenant sur le Planeau, à la fontaine de l'apparition. O prodige ! Marie paraît, et, à sa voix plus puissante que celle de Moïse qui ne fit jaillir l'eau du rocher qu'au moment de la transmigration des Hébreux, la fontaine desséchée fournit un jet vigoureux, et, depuis, elle n'a cessé de perpétuer de jour en jour la mémoire de ce miracle. O Marie ! que de trésors ne recélez-vous pas dans tout ce que vous touchez et partout où vous vous manifestez? Les milliers de guérisons opérées à l'aide de cette eau prouvent qu'elle a certainement une vertu surnaturelle ; et c'est à cause des propriétés que la sainte Vierge, dans sa tendre compassion envers les hommes, a incorporées à cette fontaine, qu'on accourt pour en avaler quelques gouttes ; chacun veut la puiser et s'en rafraîchir, et quelquefois la foule est si compacte que, pour aborder, il faut attendre à tour de rôle.

La fontaine de l'apparition coule à la place où s'est assise la très sainte Vierge. Le tas de pierre qu'Elle avait adopté pour siège était tout simplement une petite maisonnette que Maximin et Mélanie s'étaient amusés à construire dans la matinée ; une pierre unique la recouvrait, et ce fut sur l'angle de cette toiture horizontale que se reposa l'auguste Reine du Ciel.

Sur le sentier royal ouvert par notre divine Mère, on a établi un chemin de Croix qui reproduit fidèlement les angoisses du sanglant sacrifice et retrace toutes les circonstances de l'apparition pour en perpétuer la mémoire à nos descendants.

Une majestueuse chapelle et deux monastères s'élèvent sur la sainte montagne et sont, sans cesse, fréquentés par une foule immense de pèlerins. La prospérité maternelle a remplacé l'extrême misère dans ce pays autrefois si désolé. Naguère le blasphème, le mépris de la sanctification du dimanche et la violation des plus saintes observances du catholicisme y étaient passés en habitude; et l'on envisageait les pratiques de dévotion comme ne convenant qu'aux esprits crédules et stupides.

Aujourd'hui, la Salette et Corps présentent une population modèle. Actuellement, la messe est entendue avec régularité; et les travaux sont intégralement suspendus les jours chômés par l'Église; bien plus, les marques de la piété la plus tendre sont partout répandues. Les femmes sont glorieuses de porter à leur cou une croix ou une médaille de la sainte Vierge, et la gravure de l'apparition, exposée dans l'endroit le plus apparent des maisons, attire sur les familles les bénédictions de Notre-Dame de la Salette.

Les agresseurs de la Salette furent repoussés jusque dans leurs derniers retranchements par des preuves sans réplique en faveur du fait, et, s'il existe encore des mécréants à l'apparition, ils ne se montrent pas ostensiblement de peur de se couvrir d'un vernis de honte et de ridicule. Quelle vérité morale, quel fait humain ou même divin n'a pas eu de contradicteurs ?

Ce n'est qu'après un long et mûr examen que Mgr de Bruillard, évêque de Grenoble, et après lui Mgr Ginouillhac, son successeur, ont rendu un jugement compétent, confirmant la réalité de l'apparition. Et le saint-siège, en apprenant la dévotion à Notre-Dame de la Salette, y a attaché plusieurs indulgences, ainsi qu'aux succursales qui s'en sont établies. La fête commémorative annuelle de cette apparition est fixée au 19 septembre ou au dimanche suivant.

C'est un fait avéré que les menaces prophétiques ont eu et ont encore leur accomplissement, surtout en ce qui concerne la vigne, dont la maladie s'est implantée en France et ailleurs en 1854, a continué de sévir depuis et va en progressant. « Si nous n'avons pas été perdus entièrement, pouvons-nous dire avec Jérémie, c'est par l'effet des miséricordes du Seigneur, en qui nous avons trouvé une bonté inépuisable. »

Ce n'est pas en vain que la sainte Mère de Dieu a daigné visiter les enfants des hommes et les avertir, en versant des larmes, des châtiments qui leur étaient réservés s'ils ne se convertissaient. Des paroles descendues de si haut devaient avoir un immense retentissement parmi toutes les nations. Des milliers de pèlerins venus des quatre parties du monde se succèdent sur la sainte montagne et ne cessent d'y prier pour les pécheurs et pour la France.

Des prodiges de grâce et de miséricorde s'accomplissent par l'emploi de l'eau de la source miraculeuse, qui agit sur les âmes même qui ne désirent nullement cet effet, bien plus, sur celles qui ont une disposition contraire, Dieu le voulant ainsi, dit M. l'abbé Barthe, pour authentiquer, par toutes sortes de faits surnaturels, le fait de l'apparition. L'auteur qui constate cette vertu éclatante cite en preuve deux conversions.

« La première est celle d'un vieillard impie, *voltairien*, qui allait mourir, et mourir le blasphème sur les lèvres. Sa pieuse fille était là, clouée à son chevet de douleur, suivant avec la plus vive anxiété les progrès effrayants du mal, mais n'osant hasarder à son oreille aucune religieuse parole, encore moins lui proposer le secours de l'Église, car le nom d'un prêtre, comme celui de Dieu, suffisait pour exciter la rage du moribond. Tout à coup : « Si je mêlais, se dit-elle, au breuvage de mon père l'eau miraculeuse de la Salette ! » Et, aussitôt, elle verse en secret quelques gouttes de cette eau dans la potion prescrite pour son cher malade, tandis que son cœur dit et redit avec ferveur : « Notre-Dame de la « Salette, réconciliatrice des pécheurs, je vous le confie, vous « le sauverez, vous le sauverez. » Le malade prend le salutaire breuvage sans se douter de rien. Peu après, il s'endort paisiblement ; ce sommeil est bientôt brusquement interrompu par d'affreuses convulsions ; le moment fatal semble approcher, l'amour filial est en proie à un déchirement indicible. Mais voilà que le moribond, ouvrant les yeux, s'écrie : « Ma « fille !... ma fille !... un prêtre, vite, vite, un prêtre ! » Sa fille se précipite, le prêtre est appelé, il accourt ; le malade se confesse avec tous les signes du plus profond repentir, et l'impie forcené devient un chrétien docile et fervent. »

« La seconde conversion est celle d'un jeune officier

d'état-major. Passant à Corps, il entend parler de la Salette et voit la foule des pèlerins en prendre la route ; la curiosité l'entraîne (car il n'était chrétien que de nom), et lui aussi gravit la montagne. Arrivé sur le plateau, il ne voit rien qui parle à son imagination ni à son cœur ; il ne comprend pas quel dédommagement l'on peut y trouver à la fatigue d'une si rude ascension et se dispose à descendre, lorsque la pensée lui vient d'aller, par pure politesse, saluer le supérieur des missionnaires, M. l'abbé Burnoud. Il y va en effet, s'entretient avec lui, quelques minutes, de choses insignifiantes, et prend congé. Au moment où il se retire, M. Burnoud lui demande s'il a vu la fontaine miraculeuse et, sur sa réponse négative, l'engage à la visiter avant de partir, et même à boire de cette eau qui n'a jamais fait de mal à personne et qui a fait beaucoup de bien à plusieurs. Le jeune officier promet de boire de cette eau pour être agréable à M. le supérieur. Il tient parole, il boit et se sent bouleversé dans tout son être ; au lieu de partir, il entre dans la chapelle, se prosterne baigné de larmes devant l'image de Marie et fait appeler enfin M. Burnoud, qu'il prie de recevoir sa confession. Le lendemain matin, ce même officier, sur la poitrine duquel brillait l'étoile des braves, s'approchait de la sainte table, et de pieuses larmes inondaient les yeux du nouveau converti, qui partait, quelques heures après, le cœur plein de reconnaissance. Depuis, il a fidèlement persévéré ; il a même montré constamment un zèle d'apôtre, qui a eu les succès les plus consolants. »

On pourrait citer une infinité de guérisons surprenantes qui se sont opérées et qui s'opèrent encore journellement, ainsi que d'autres faits merveilleux et touchants, publiés par des témoins dignes de foi et dûment constatés.

« Un caractère tout spécial à la dévotion de la Salette, comme le disait Mgr Dupuch, le pieux évêque d'Alger, c'est que ce pèlerinage est le seul (avec celui de Lourdes maintenant) dont le sanctuaire, se reproduisant lui-même en quelque sorte, transmette son nom local à toutes les chapelles que nous voyons s'élever chaque jour en mémoire de l'apparition. On n'entend pas dire, en effet, qu'il y ait aucune succursale de Notre-Dame de Chartres, de Notre-Dame du Puy, de Notre-Dame de Laus, etc. etc. Mais les succursales de Notre-Dame de la Salette se multiplient sur tous les points de la catholicité ; et non seulement le sanctuaire de la sainte montagne se retrouve, pour ainsi dire, dans les nombreuses Salette de France, de Belgique, d'Angleterre, d'Italie, d'Espagne, etc... mais encore sur le sol brûlé de l'Afrique, comme sous les frais ombrages des forêts de l'Amérique ; et jusque dans les îles lointaines du grand Océan, l'enfant de Marie Réconciliatrice peut se prosterner et prier à *la Salette*. Ah ! c'est que ce pèlerinage privilégié, où Marie est venue faire entendre à son peuple ses plaintes et ses avertissements, n'est pas seulement la semence d'une dévotion locale, mais c'est un arbre majestueux dont les rameaux protecteurs doivent abriter l'univers entier... »

Disons un dernier mot sur les deux enfants privilégiés de la sainte Vierge ; quand on eut toutes les preuves convaincantes de leur bonne foi, on plaça Mélanie dans la Providence, et Maximin, après avoir reçu les premiers éléments de l'instruction, fut admis au petit séminaire. Ne s'étant pas senti de vocation pour l'état ecclésiastique, le jeune hómme se fit soldat ; plus tard, sa santé ayant nécessité son retour dans sa famille, Maximin revit avec bonheur ces lieux bénis, qui lui rappelaient de si grandes faveurs dont il avait été l'objet et de si douces émotions. Après avoir donné les plus grandes marques d'édification, il mourut en parfait chrétien, invoquant à ses derniers moments sa céleste Protectrice.

Mélanie, voulant se consacrer entièrement à Dieu, passa de la communauté de Corps à la maison mère établie à Corenc, et plus tard, pour se soustraire aux visites trop nombreuses des étrangers, elle entra au couvent des carmélites de Birmingham, en Angleterre.

Mᵍʳ de Bruillard enjoignit aux enfants de la Salette de faire parvenir leur secret à notre très saint-père le pape Pie IX ; ils comprirent qu'ils devaient obéir au vicaire de Jésus-Christ et se décidèrent à révéler au Souverain Pontife un secret qu'ils avaient gardé jusqu'alors avec une constance invincible et que rien n'avait pu leur arracher. Ils l'ont donc écrit eux-mêmes, chacun séparément ; ils ont ensuite plié et cacheté leur lettre en présence d'hommes respectables, désignés pour leur servir de témoins, et deux prêtres dignes de confiance ont été chargés de porter à Rome cette dépêche mystérieuse.

Pie IX, à la lecture de leurs dépositions, a paru ému ; était-ce l'annonce du long et douloureux martyre qu'il a subi, ou une prédiction regardant l'avenir de la France ?...

Ainsi est tombée la dernière objection que l'on faisait contre l'apparition, concernant le secret que l'on disait être sans importance, puéril même, et que les enfants ne voudraient pas le faire connaître à l'Église.

Les suites merveilleuses du fait de la Salette sont le témoignage de Dieu lui-même, se manifestant par des miracles ; et ce témoignage est supérieur à celui des hommes et à leurs objections.

Les *ex-voto* qui garnissent les murs de l'église de la Salette sont une marque visible et permanente de la puissance et la bonté de Marie, qui possède des biens intarissables et qui se multiplient avec les besoins. Toujours disposée à répandre ses faveurs sur ceux qui l'implorent, Elle n'exige, pour ainsi dire, avant de les distribuer, que la condition si facile de les lui demander.

XXI

NOTRE-DAME DES VICTOIRES

(SEINE)

L'église de Notre-Dame-des-Victoires était depuis plus de deux siècles un sanctuaire peu remarqué ; son origine mérite néanmoins toute notre attention. Dans l'histoire que nous allons essayer de retracer, nous y admirerons les vues bienveillantes et compatissantes de la Providence dans les moyens qu'elle a pris pour créer au milieu de la Babylone moderne ce port de salut, d'où Marie fait jaillir un rayonnement d'amour et de miséricorde qui s'étend sur le monde entier.

En 1619, des religieux réformés de l'ordre de Saint-Augustin obtinrent l'autorisation d'établir à Paris un couvent de leur réforme ; ils achetèrent à cet effet un hospice et une chapelle hors la porte Montmartre; mais bientôt la communauté devint si nombreuse qu'ils se virent dans la nécessité d'acheter de nouveaux terrains, qui s'étendirent entre ce qu'on appelait alors le *faubourg Montmartre* et le *faubourg Saint-Honoré*, jusqu'à la grange Rotelière. C'est dans cette nouvelle enceinte que fut construit le sanctuaire de *Notre-Dame-des-Victoires*, ainsi nommé en reconnaissance de plusieurs victoires remportées par Louis XIII sur les protestants. Ce monarque, qui avait consacré son royaume à l'auguste Mère de Dieu, posa la première pierre de la chapelle, le 9 décembre 1629. Anne d'Autriche, son épouse, visitait souvent Notre-Dame-des-Victoires et secourait de ses aumônes les religieux desservants qui étaient très pauvres. Le frère Fiacre remplissait alors au couvent les fonctions de quêteur ; sa mission le mettait souvent en rapport avec la pieuse et charitable reine. Cet humble et vénérable religieux, dont les vertus éclatantes le faisaient regarder comme un saint, s'entretenait fréquemment avec sa souveraine, qui déchargeait dans son âme bonne et compatissante le poids de ses chagrins. Anne d'Autriche, unie à Louis XIII depuis vingt-deux ans, n'avait pas d'enfants : cette peine en était une grande pour elle, et la France attendait encore un héritier du trône. Le frère Fiacre, témoin de sa douleur, allait souvent s'agenouiller aux pieds de Notre-Dame, la suppliant d'obtenir à la reine l'objet de ses désirs.

Un jour qu'il priait avec une grande ferveur dans ce sanctuaire, prosterné devant l'autel de Marie, il vit tout à coup la sainte Vierge environnée d'une lumière éblouissante, ayant sur la tête une triple couronne, les cheveux pendant sur ses épaules, et revêtue d'une robe bleue parsemée d'étoiles. Elle tenait un bel enfant entre ses bras. Comme il adorait cet enfant, la sainte Vierge l'en détourna. « Ce n'est pas mon Fils, dit-elle, c'est le dauphin que Dieu veut donner à la France. » Au bout d'un quart d'heure, la vision disparut. L'humble frère, craignant une illusion, se remit en prières, et la vision lui apparut de nouveau pendant quatre fois ; à la dernière apparition, la sainte Vierge lui commanda d'avertir la reine et de lui ordonner trois neuvaines.

Cette déclaration, faite par le frère devant ses supérieurs, fut consignée dans les archives du couvent, le 5 novembre 1637.

Dix mois après, naissait à Saint-Germain-en-Laye un prince qui fut depuis le roi Louis XIV. Il reçut en témoignage de cette faveur le nom de Dieudonné.

Le roi et la reine vinrent à Notre-Dame-des-Victoires rendre à Dieu de solennelles actions de grâces. Anne d'Autriche, en reconnaissance de cette naissance inespérée, fit construire en 1655 l'église que l'on voit aujourd'hui et décorer de marbre la chapelle de la Sainte-Vierge.

En 1757, cet édifice fut restauré et agrandi par Hyacinthe Leblanc, évêque de Joppé, ancien religieux des Augustins déchaussés.

A l'époque de la Révolution, les religieux, obligés d'abandonner leur couvent, se dispersèrent, et l'église de Notre-Dame-des-Victoires, après avoir été érigée en une paroisse constitutionnelle, fut transformée en un temple d'agiotage, c'est-à-dire que la Bourse de Paris s'y tint pendant plusieurs années. Les fidèles voyaient avec douleur cette transformation sacrilège ; mais Marie veillait sur son sanctuaire profané et réservait à l'église qui lui était chère une splendeur dont l'éclat devait dépasser de beaucoup la célébrité de son origine.

En 1802, cette maison sainte fut rendue au culte et érigée en paroisse succursale de Saint-Eustache. Les habitants de ce quartier, entièrement adonnés à l'industrie et aux plaisirs, vivaient dans le complet oubli de Dieu ; ils ne reconnaissaient sous la dénomination de Notre-Dame-des-Victoires qu'une rue et une place qui les avoisinaient. Depuis trente ans, l'église de Notre-Dame-des-Victoires était à peine fréquentée et ne rappelait plus à l'esprit aucun souvenir. Les choses étaient en cet état, lorsque M. l'abbé Dufriche Desgenettes, prêtre pieux, qui s'était déjà signalé par des œuvres de dévouement, fut nommé curé de cette paroisse par Mgr de Quélen, archevêque de Paris.

Le 27 août 1832, M. Desgenettes prit possession de ce poste peu envié. Plus tard il adressait une lettre à Mgr de Quélen en ces termes : « Votre Grandeur a daigné me confier la paroisse de Notre-Dame-des-Victoires... Je ne connaissais nullement cette paroisse, je savais à peine où était située son église. Vous me dites, Monseigneur, que c'était une paroisse qui n'en était pas une ; ces paroles me frappèrent ; mais je ne m'attendais pas à les trouver si vraies et surtout

d'une vérité si étendue... Depuis la Révolution de Juillet surtout, plus d'administration des sacrements ; les malades
mouraient sans confession, presque plus de pâques, l'église
était déserte ; trente ou quarante personnes à la grand'messe,
une douzaine à vêpres, et c'était rare ; les prêtres détestés,
méprisés, insultés, s'ils se trouvaient dans la nécessité de se
montrer dehors avec leur vêtement clérical. Le dimanche qui
suivit mon installation était la fête de saint Augustin (un des
patrons de l'église). Cette circonstance et un peu la curiosité
de voir le nouveau pasteur auraient dû amener quelques personnes à l'église : je ne sais si plus de quarante paroissiens
assistaient à la grand'messe ; mais je comptai à vêpres au
moment du sermon : nous étions trente-huit, en comptant le
prédicateur qui ne put s'empêcher d'exprimer son mécontent-
tement. J'essayai de faire des visites, je fus reçu avec une
malhonnêteté marquée, on me repoussait en ma qualité de
prêtre... »

Le pasteur affligé ne cessait de prier et de gémir ; quatre
ans s'écoulèrent ainsi, pendant lesquels, à plusieurs reprises
différentes, le bon prêtre, l'âme découragée, pria Mgr de Quélen de le décharger de ce poids trop accablant ; et toujours
le vénérable archevêque l'exhortait à la patience et lui com-
mandait de continuer ses efforts. Mais le zèle du vieux pasteur restait infructueux ; son âme d'apôtre était à la torture,
et il suppliait le Seigneur de lui faire connaître le parti qu'il
devait prendre.

Dieu, touché des prières et de l'affliction du prêtre vertueux
qu'il avait choisi pour être l'instrument de ses miséricordes
divines, se révéla enfin à lui.

Laissons parler M. Desgenettes lui-même sur le récit de cette révélation dont allait s'ensuivre une œuvre qui, en régénérant les âmes dans la foi, devait répandre sur le monde entier et particulièrement sur la France des torrents de grâces.

« Le 3 décembre 1836, fête de saint François-Xavier, dit M. Desgenettes, à neuf heures du matin, je commençai la sainte messe à l'autel de la Sainte-Vierge, que nous avons depuis consacré à son très saint et immaculé cœur et qui est aujourd'hui l'autel de l'archiconfrérie ; j'en étais au premier verset du psaume *Judica me*, quand une pensée vint saisir mon esprit : c'était la pensée de l'inutilité de mon ministère dans cette paroisse ; elle ne m'était pas étrangère, je n'avais que trop d'occasions de la concevoir et de me la rappeler. Mais, dans cette circonstance, elle me frappa plus vivement qu'à l'ordinaire. Comme ce n'était ni le lieu ni le temps de m'en occuper, je fis tous les efforts possibles pour l'éloigner de mon esprit. Je ne pus y parvenir ; il me semblait entendre continuellement une voix qui venait de mon intérieur et qui me répétait : « Tu ne fais rien, ton ministère est nul ; vois : « depuis plus de quatre ans que tu es ici, qu'as-tu gagné ? « Tout est perdu, ce peuple n'a plus de foi. Tu devrais par « prudence te retirer. » Et, malgré tous mes efforts pour repousser cette malheureuse pensée, elle s'opiniâtra tellement qu'elle absorba toutes les facultés de mon esprit, au point que je lisais, je récitais les prières sans plus comprendre ce que je lisais. La violence que je m'étais faite m'avait fatigué, et j'éprouvais une transpiration des plus abondantes. Je fus dans cet état jusqu'au commencement du canon de la messe. Après avoir récité le *Sanctus*, je m'arrêtai un instant, je cherchai à rappeler mes idées ; effrayé de l'état de mon esprit, je me dis : « Mon Dieu, dans quel état suis-je, com- « ment vais-je offrir le divin sacrifice ! je n'ai pas assez de « liberté d'esprit pour consacrer. O mon Dieu, délivrez-moi « de cette malheureuse distraction ! » A peine eus-je achevé ces paroles que j'entendis très distinctement ces mots pro- noncés d'une manière solennelle : « Consacre ta paroisse au « très saint et immaculé Cœur de Marie ! » A peine eus-je entendu ces paroles, qui ne frappèrent point mes oreilles, mais retentirent au-dedans de moi, que je retrouvai immédia- ment le calme et la liberté de l'esprit. La fatale impression qui m'avait si violemment agité s'effaça aussitôt; il ne m'en resta aucune trace...

« Je continuai la célébration des saints mystères, sans aucun souvenir de ma précédente distraction. Après mon action de grâces, j'examinai la manière dont j'avais offert le saint sacrifice : alors seulement je me rappelai que j'avais eu une distraction; mais ce n'était qu'un souvenir confus, et je fus obligé de rechercher pendant quelques instants quel en avait été l'objet. Je me rassurai en me disant : « Je n'ai pas « péché, je n'étais pas libre. » Je me demandai comment cette distraction avait cessé, et le souvenir de ces paroles que j'avais entendues se présenta à mon esprit. Cette pensée me frappa d'une sorte de terreur. Je cherchai à nier la pos- sibilité de ce fait, mais ma mémoire confondait les raisonne- ments que je m'objectais. Je bataillai avec moi-même pendant dix minutes. Je me disais à moi-même: « Quelle fatale pensée ! « si je m'y arrêtais, je m'exposerais à un grand malheur; elle « affecterait mon moral, je pourrais devenir visionnaire. »

Fatigué de ce nouveau combat, je pris mon parti et je me dis :
« Je ne puis m'arrêter à cette pensée, elle aurait de trop
« fâcheuses conséquences ; d'ailleurs, c'est une illusion. J'ai
« eu une longue distraction pendant la messe, voilà tout. L'es-
« sentiel est pour moi de n'y avoir pas péché, je ne veux
« plus y penser. » Et j'appuie mes mains sur le prie-Dieu sur
lequel j'étais à genoux. Au moment même, et je n'étais pas
encore relevé, j'entends prononcer bien distinctement ces
paroles : « Consacre ta paroisse au très saint et immaculé
« Cœur de Marie ! » Je retombe à genoux, et ma première
impression fut un mouvement de stupéfaction. C'étaient les
mêmes paroles, le même son, la même manière de les entendre,
il y a quelques instants ; j'essayai de ne pas croire. Je voulais au moins douter, je ne le pouvais plus ; j'avais entendu,
je ne pouvais me le cacher à moi-même. Un sentiment de tristesse s'empara de moi, les inquiétudes qui venaient de tour-
menter mon esprit se présentèrent de nouveau. J'essayai
vainement de chasser toutes ces idées, je me disais : « C'est
« encore une illusion, fruit de l'ébranlement donné à ton cer-
« veau par la première impression que tu as ressentie. Tu
« n'as pas entendu, tu n'as pas pu entendre. » Et le sens
intime me disait : « Tu ne peux douter, tu as entendu deux
« fois. » Je pris le parti de ne point m'occuper de ce qui
venait de m'arriver, de tâcher de l'oublier. Mais ces paroles :
« Consacre ta paroisse au très saint et immaculé Cœur de
« Marie ! » se présentaient sans cesse à mon esprit. Pour me
délivrer de l'impression qui me fatiguait, je cède de guerre
lasse et je dis : « C'est toujours un acte de dévotion à la
« sainte Vierge, qui peut avoir un bon effet : essayons. »

Mon consentement n'était pas libre, il était exigé par la fatigue de mon esprit. Je rentrai dans mon appartement ; pour me délivrer de cette pensée, je me mis à composer les statuts de notre association. A peine eus-je mis la main à la plume que le sujet s'éclaircit à mes yeux, et les statuts ne tardèrent pas à être rédigés. »

La vie entière de M. l'abbé Desgenettes a été consacrée à l'œuvre sainte de l'Archiconfrérie, qui en peu de temps a pris une rapide extension et a opéré des merveilles.

« Le travail de l'Association du saint et immaculé Cœur de Marie, dit l'auteur de la *Notice sur M. Desgenettes*, a été de rendre au culte de Marie la place de prépondérance, d'excellence et de réparation qu'il est dans l'esprit de l'Église de lui donner, et qui est si bien en harmonie avec les besoins et les douleurs de notre temps... »

Le 10 décembre, Mgr de Quélen, à qui M. Desgenettes avait soumis les statuts de l'association projetée, donna son autorisation et permit de commencer aussitôt les prières et les exercices.

Le lendemain, qui était le deuxième dimanche de l'Avent, M. Desgenettes annonça au prône son intention d'implorer désormais la protection du saint cœur de Marie pour la conversion des pécheurs : il indiqua l'heure et l'ordre des exercices ; mais, en présence du petit auditoire qui l'entourait, et malgré sa confiance en Marie, il lui vint la triste pensée qu'il prêchait dans le désert. Cependant, le grain de la parole sainte était tombé sur une bonne terre, où, par la miséricorde de Dieu, il devait promptement germer et fructifier. Quelle ne fut pas la joie du pieux et zélé pasteur de voir, le soir même, jusqu'à cinq cents personnes réunies, au nombre desquelles se trouvaient beaucoup d'hommes. Écoutons de nouveau son récit sur cette émouvante réunion :

« Les vêpres de la sainte Vierge furent entendues avec tranquillité, mais avec indifférence. On ne savait pas pourquoi on était là. Elles furent suivies d'une instruction explicative des motifs et du but de cette réunion, qui fut écoutée avec attention et recueillement. L'impression qu'elle avait faite se manifesta bientôt. Cette foule de fidèles, qui n'avait point semblé prendre part à l'office des vêpres, chanta avec sentiment et effusion de cœur les prières du salut. Il y eut surtout un redoublement d'ardeur pendant les litanies, au chant de l'invocation *Refugium peccatorum* et au *Parce Domine*. Nous étions à genoux devant le très Saint Sacrement. A ces cris de repentir et d'amour, notre cœur tressaillit de joie; nous levâmes nos yeux baignés de larmes vers l'image de Marie et nous osâmes lui dire :

« O ma bonne Mère! vous les entendez, ces cris de l'amour
« et de la confiance, vous les sauverez, ces pauvres pécheurs
« qui vous appellent leur Refuge! O Marie ! adoptez cette
« pieuse association, donnez-m'en pour signe la conversion
« de M. Joly ; j'irai demain chez lui en votre nom. »

M. Joly, vieillard aveugle, avait été le dernier ministre de Louis XVI; il demeurait rue Vivienne. Depuis sa jeunesse, il n'avait donné aucun signe de religion et s'obstinait à ne pas recevoir la visite de son curé.

M. Desgenettes, ainsi qu'il en avait pris la résolution, se présenta le lendemain chez son récalcitrant paroissien, plein de confiance en Marie pour le succès de sa visite, qui était la onzième. A peine l'heureux pasteur avait-il adressé au vieillard les formules de politesse que celui-ci donnait les marques d'une conversion sincère, qui était évidemmen l'œuvre de la grâce, due à la puissante intervention de la sainte Vierge.

Quelques jours après, presque toute la paroisse s'était fait inscrire sur les registres de l'association. Les jours suivants, les fidèles des différentes paroisses de Paris venaient en foule se faire enrôler dans l'Archiconfrérie. En peu de temps, les demandes d'affiliation arrivèrent par milliers de tous les points de l'univers catholique ; de sorte que Notre-Dame-des-Victoires est devenue un grand centre de prières pour la conversion des pécheurs. Par ce concours de supplications ferventes adressées à Marie, des prodiges de miséricorde s'obtiennent, et même des grâces temporelles ; l'on ne pourrait énumérer ici le nombre des guérisons et des faveurs obtenues.

L'église de Notre-Dame-des-Victoires, jadis si abandonnée, si déserte, est aujourd'hui la plus fréquentée de la capitale ; chaque jour et à toute heure, une foule pieuse se presse au pied de l'autel de Marie. Rien de plus édifiant que les réunions du soir de chaque dimanche, où les associés de tout sexe et de toute condition se pressent attentifs et recueillis. Laissons encore parler à ce sujet le zélé pasteur qui fut pendant vingt-quatre ans le directeur de cette admirable association.

« Il faut avoir contemplé ce spectacle, si rare de nos jours, d'une foule innombrable d'hommes, de femmes, de jeunes gens réunis dans une église, à quelle heure ? à l'heure des plaisirs, des dissipations si faciles et si séduisantes à Paris, y restant deux heures et demie, occupant tous les coins de cette église, envahissant souvent le chœur et le sanctuaire, la plupart dans la position la plus gênée, car nous ne pouvons pas fournir assez de sièges à une assemblée aussi nombreuse ; il faut avoir vu le maintien, le recueillement, la piété qu'expriment les visages pendant le saint office ; il faut avoir entendu ces louanges de Marie, ces supplications pour les pécheurs, qui se chantent au fond du chœur et qui se répètent par toutes les bouches dans toute l'étendue de l'église et jusque dans ses coins les plus reculés ; il faut avoir remarqué l'attention, le tendre intérêt que respirent toutes ces physionomies, les larmes abondantes qui coulent au récit des conversions, des guérisons, des autres grâces obtenues par les prières de l'Archiconfrérie, pour se faire une idée des pieux sentiments, de la joie, du bonheur dont la pensée de Marie et la charité pour les pécheurs nos frères remplissent les cœurs. »

La propagande du *Manuel* de l'association, qui se répandait dans toutes les parties du monde, et qui se traduisait dans toutes les langues, exerçait au loin une prodigieuse influence ; d'innombrables et éclatantes conversions, qui concordaient avec les prières faites pour les obtenir, en étaient le résultat.

M. Desgenettes raconte à ce sujet la conversion et les aventures de Serge le Russe. Cette histoire, qui a été publiée douze ans plus tard par le pieux curé, remonte à l'année 1842.

« Au mois de mars, dit M. Desgenettes, un jour, sur les

deux heures après-midi, on vint m'avertir chez moi que quelqu'un voulait me parler. A ma question bien naturelle : Qui est-ce ? on me dit : « C'est un grand jeune homme « qui paraît bien pauvre. » Je me rends dans la pièce où il m'attendait ; je vois un jeune homme de haute taille, couvert de haillons, presque sans chaussures, la barbe longue et sale, la figure très crasseuse. « Que me voulez-vous, « mon ami ? — Monsieur, je suis Russe, je viens de Varso- « vie. — Vous êtes Russe, vous venez de Varsovie ; et « que venez-vous faire à Paris ? Votre costume annonce la « plus grande indigence. Je ne soupçonne pas le motif de « votre venue. — Je suis catholique, j'ai fait abjuration à « Varsovie, et je suis membre de l'Archiconfrérie ; je me « suis enfui de Varsovie parce que j'étais menacé d'être « conduit en Sibérie. — Pouvez-vous me donner quelque « preuve de ce que vous me dites ? Vous parlez bien pure- « ment le français, vous n'avez aucun accent, c'est extraor- « dinaire pour un homme du Nord. — Je le dois à mon édu- « cation, que j'ai faite à l'Académie de Saint-Pétersbourg. « Ma famille, qui me destinait à la diplomatie, m'a fait « apprendre plusieurs langues. »

« Pendant ce colloque, je le considérais attentivement. Il paraissait âgé de vingt-cinq à vingt-six ans ; il était grand, bien fait ; il avait la figure maigrie, mais il avait de beaux traits et un air noble et distingué. Il me présenta son cer- tificat d'abjuration et son billet de l'Archiconfrérie. Ils étaient en langue polonaise. Je les lui rendis en lui disant : « Cela ne peut me convaincre, je ne connais pas cette « langue. Mon pauvre ami, je vois que vous êtes très malheu-

« reux ; mais je ne puis vous être d'une grande utilité.

« Tout ce que vous me dites me paraît fort extraordinaire.

« Y a-t-il longtemps que vous êtes à Paris?— J'y suis arrivé
« à huit heures. — Qu'avez-vous fait depuis ce temps-là ?
« A huit heures, arrivé à un village auprès de la porte de
« la ville, j'ai demandé Notre-Dame-des-Victoires, M. Des-
« genettes, curé de Notre-Dame-des-Victoires. On m'a
« envoyé à l'extrémité de la ville, et de là je suis venu ici.
« — Pourquoi vous diriger vers Notre-Dame des Victoires ?
« Pourquoi venir chez moi ? Qui vous a dit mon nom ? Qui
« vous a envoyé chez moi ? — Je suis venu à Notre-Dame-
« des-Victoires, parce que c'est à Notre-Dame-des-Victoires
« que je dois ma conversion. C'est la lecture du *Manuel* et
« des *Annales de l'Archiconfrérie* qui m'a ouvert les yeux et
« m'a déterminé à embrasser la foi catholique. J'avais
« appris votre nom dans le *Manuel* et dans les *Annales*,
« c'était le seul que je connusse à Paris. Voilà pourquoi
« je suis venu à vous. »

« Tout cela était dit avec calme, un ton de sincérité qui
me faisait une vive impression. Le calme de sa figure ne
s'était pas démenti un moment pendant cet entretien. Il était
dans l'extrême misère ; une parole de plainte n'était pas
sortie de sa bouche ; il ne demandait rien. Il mourait de
besoin, de faim et ne le disait pas. Mon cœur allait à lui,
mais la crainte d'être trompé, la prudence ;... nous sommes
tant exposés à être joués par les fripons, les intrigants !... Je
n'osais me laisser aller à tous les sentiments qui se dévelop-
paient dans mon cœur. Je lui dis : « J'aime à croire ce que
« vous me dites, cependant tout cela est bien extraordinaire.

« Avant de donner notre confiance, nous avons de grandes
« précautions à prendre, nous sommes journellement harce-
« lés par les intrigants et... » J'avais les yeux fixés sur lui ;
je vis sa figure, qui jusque-là n'avait rien perdu de son
calme, se décomposer. Il baissa les yeux, et deux grosses
larmes coulèrent le long de ses joues. Je me hâtai de lui
demander : « Depuis votre arrivée, avez-vous mangé? — Je
« n'ai pas mangé depuis hier trois heures. — Eh ! malheu-
« reux, pourquoi ne me l'avez-vous pas dit ? Asseyez-vous,
« je vais vous faire apporter à manger. »

« Pendant son repas, je lui dis : « Racontez-moi donc
« votre histoire ; les circonstances de votre conversion, de
« votre voyage de Pologne en France.

« — Je suis né à Saint-Pétersbourg. Mon père, le prince
« Chetzoulepnikoff, est attaché à la personne de l'empereur.
« J'ai fait mon éducation à l'Académie de Saint-Pétersbourg.
« Destiné par ma famille à la carrière diplomatique, j'avais
« été attaché à l'administration du gouvernement de Varso-
« vie ; j'habitais cette ville depuis plusieurs années. J'y étais
« répandu dans le monde et ne fréquentais que la bonne
« société. Un jour, une dame catholique me proposa de lire
« un livre dont elle me parla avec éloge. C'était le *Manuel*
« *de l'Archiconfrérie;* je l'acceptai par politesse. De retour
« chez moi, j'ouvris ce livre ; je m'aperçus bientôt qu'il trai-
« tait de dévotion catholique : je le laissai là, mais il fallait
« le rendre et pouvoir dire que je l'avais lu. J'en entrepris
« la lecture. Elle me fit éprouver le plus grand étonnement.
« Je ne pouvais croire ce que je lisais ; cependant j'y prenais
« intérêt et je me disais : Si tout cela est vrai, la religion

« catholique, qui opère de tels effets, doit nécessairement
« être la véritable. Je n'ai jamais entendu dire que rien de
« semblable ait été opéré dans notre religion. En rendant le
« livre, je ne cachai pas à la dame qui me l'avait prêté l'im-
« pression que cette lecture m'avait faite. Elle m'engagea à
« lire les *Annales de l'Archiconfrérie* et m'en prêta quelques
« numéros. Leur lecture acheva de me déterminer à étudier
« la religion catholique ; je me disais : Si tout cela est vrai
« (et c'est écrit avec une simplicité qui est déjà le cachet de
« la vérité, et, d'ailleurs, c'est écrit sous les yeux de ceux
« en présence desquels on prétend que cela s'est passé, on
« ne sache pas que cela ait été démenti), alors la religion
« catholique est la vraie religion, la religion du Ciel, et celle
« dans laquelle j'ai été élevé est une fausse religion. Ces
« réflexions me poursuivaient et m'étonnaient, car jusque-
« là je ne m'étais point occupé de religion, je n'en pratiquais
» aucune. Je vivais comme la plupart des jeunes gens,
« occupé de mon travail et livré à mes plaisirs. Je pris le
« parti de conférer avec un religieux dominicain. Il me
« prêta des livres. J'étudiai sérieusement ; en peu de temps,
« mon caractère changea de tout en tout. Une forte préoc-
« cupation s'empara de mon esprit ; je sentis une vive im-
« pression de confiance et de dévotion envers la Mère de
« Dieu. Pleinement convaincu de la vérité, de la divinité
« de la foi catholique, j'abjurais il y a un an le schisme grec
« et je fus reçu dans le sein de l'Église. Mon abjuration se
« fit secrètement ; je remplissais avec bonheur mes nou-
« veaux devoirs ; j'assistais de grand matin à la messe. Per-
« sonne n'avait l'air de se douter de mon changement,

« quand, il y a un mois, un de mes amis, employé comme
« moi à l'administration, entra brusquement dans mon bureau
« où j'étais à travailler et me dit : « — Serge, sais-tu ce qui
« vient d'arriver? — Quoi donc? — Un ordre du ministre
« vient d'arriver à la chancellerie de te faire conduire sans
« retard, sous escorte, à Saint-Pétersbourg, parce que tu es
« catholique. — Qu'est-ce qui a dit cela? — Oui, on t'a vu
« communier aux Dominicains. — Bah! c'est une mauvaise
« plaisanterie. » J'avais affecté la plus grande indifférence
« pendant cet entretien; mais, quand mon camarade m'eut
« quitté, je fus frappé de terreur. Je réfléchis qu'on pouvait
« m'arrêter d'un moment à l'autre, et qu'arrivé à Saint-
« Pétersbourg je serais immédiatement et infailliblement
« conduit en Sibérie. Pour éviter ce malheur, je ne vis qu'un
« moyen : sortir aussitôt de Varsovie. Dès que cette pensée
« se présenta à mon esprit, elle lui ôta toute liberté. Je ne
« réfléchis plus, je quitte mon bureau, et, à pied, sans
« passeport, sans argent, en costume de bal, car je devais
« le soir même prendre part à une de ces fêtes, n'ayant sur
« moi que mon certificat d'abjuration et mon billet d'admis-
« sion dans l'Archiconfrérie, je sors de Varsovie et me dirige
« vers les États prussiens.

« Quand le grand air et la précipitation de la marche
« eurent calmé mes esprits, je réfléchis sur ma position,
« sur le parti que j'allais prendre. Je ne pouvais pas espérer
« de rester en Prusse avec sûreté, à cause du voisinage
« de la Pologne ; je pris le parti de me retirer en France, et
« à Paris. Cette détermination fut pour moi un nouveau
« sujet d'inquiétude. Je ne connaissais personne à Paris,

« que des employés à l'ambassade russe, que je n'irais cer-
« tainement pas voir. Une pensée se présenta à mon esprit:
« c'est à Notre-Dame des Victoires que je dois ma conversion,
« j'irai à Notre-Dame des Victoires; elle est ma mère, elle
« me sauvera ; je demanderai M. Desgenettes. Cette idée dis-
« sipa aussitôt mes inquiétudes. C'est elle qui m'a soutenu pen-
« dant tout le voyage. Je pensai que le costume dans lequel je
« voyageais ne pouvait qu'attirer l'attention sur moi et éveiller
« les soupçons, quand j'aperçus, venant à ma rencontre, un
« paysan qui me parut de ma taille et à peu près de mon âge :
« je lui proposai de changer de vêtements. Ma proposition
« le surprit ; je le déterminai en lui donnant une partie de
« l'argent que j'avais sur moi. Je parvins bientôt à la fron-
« tière de Prusse, et j'eus un peu de repos et de tranquillité
« d'esprit. J'y passai quelques jours chez des connaissances ;
« mais je brûlais du désir d'arriver à Paris, persuadé que
« j'étais que je courais le danger d'être arrêté en route. —
« Comment avez-vous vécu pendant cette longue route ? —
« J'avais un peu d'argent sur moi quand je sortis de Varsovie,
« j'en donnai une partie au paysan que je rencontrai ; je n'ai
« rien dépensé durant mon parcours en Prusse. Entré en
« France, je résolus de faire environ vingt lieues par jour.
« Je ne fis que traverser les villes sans m'arrêter; dans les
« villages, j'achetais du pain, j'entrais dans un cabaret, je
« buvais une bouteille de vin et je me remettais en marche.
« La nuit, je couchais dans les fermes, quelquefois même
« dehors; je dormais et je reprenais la route au point du
« jour. J'ai payé ma dépense jusqu'à environ quatre-vingts
« lieues de Paris ; alors ma bourse fut épuisée, et je deman-

« dai mon pain. Je n'avais pas mangé depuis hier trois heures
« après-midi ; j'ai marché toute la nuit dans l'empressement
« où j'étais d'arriver. Je suis entré à Paris à huit heures du
« matin ; après avoir parcouru cette ville dans différents
« sens, je suis arrivé, harassé de fatigue, à Notre-Dame-des-
« Victoires. Je me suis approché de son autel. Prosterné à
« ses pieds, je l'ai remerciée de m'avoir amené au port ; je
« l'ai priée avec une grande consolation, je me suis relevé
« plein d'espérance et de force, j'ai demandé votre adresse,
« et me voilà. »

« Ce récit, s'il ne me convainquit pas entièrement, me
causa une grande persuasion. J'adressai ce bon jeune homme
aux charitables prêtres polonais, en les priant, par un billet,
de s'assurer par eux-mêmes de la vérité de ses dires et de
me faire connaître le résultat de leur examen. Le lendemain,
l'un d'eux, le P. Tekeli, vint m'assurer que non seulement je
n'étais pas trompé, mais que ce bon jeune homme était un véritable confesseur de la foi et que, lui, il connaissait sa famille.
Une dame charitable l'habilla de pied en cap d'une manière
décente. On lui fit changer de nom, et la précaution était bien
avisée, car, quelques jours après son arrivée, la police vint
s'adresser au portier pour savoir s'il ne demeurait point dans
la maison. Le portier, qui était un Français, ne sachant que
le nom qu'on lui avait donné, affirma qu'il ne connaissait personne de ce nom. Pendant quelques semaines, notre jeune
homme vécut heureux chez les Pères polonais. Il manifesta le
désir de se consacrer au service de Dieu en embrassant l'état
ecclésiastique. On allait l'appliquer aux études préparatoires,
quand on le vit tout à coup s'assombrir, devenir triste. Le

moment des tentations était arrivé ; la maladie du pays venait de le saisir. Il voulait revoir ses parents, retourner en Russie. On avait beau lui représenter qu'il s'exposait à l'apostasie, il protestait avec force que jamais il ne commettrait un tel acte d'ingratitude envers Dieu; on lui faisait envisager la Sibérie, mais il s'enfonçait dans cette espèce de marasme. Il quitta les Pères polonais et se rendit à Nancy, chez les Pères dominicains, avec le projet d'entrer dans leur ordre. Le changement de séjour apporta quelque diversion à son mal. Il fut pendant quelque temps tranquille, mais bientôt la tentation l'assiégea de nouveau. Au milieu de cette cruelle épreuve, il persévérait et s'animait dans le désir de se consacrer à Dieu. Il quitta les Pères dominicains; il ne doutait pas, au milieu des angoisses de son esprit, de sa vocation au sacerdoce ; mais comment l'effectuer? Sans ressources, sans protection, inconnu, il ne pouvait se présenter au séminaire ; d'ailleurs, ses deux essais dans les communautés qu'il venait de quitter ne garantissaient pas sa constance; il fallait vivre au milieu d'un pays inconnu. Il se décida à gagner son pain à la sueur de son front et entra comme homme de peine dans un atelier de lithographie, où il gagnait à peine de quoi subvenir à ses besoins. Au bout de quelques mois, le travail forcé, la mauvaise nourriture, les soucis, l'humiliation de sa position le rendirent malade. La maladie fut grave, on le porta à l'hôpital. Là se terminèrent les épreuves par lesquelles le Seigneur l'avait fait passer pour le purifier des souillures contractées pendant sa vie mondaine et lui faire comprendre la vanité des choses de ce monde, pour lui apprendre que l'humilité, le détachement de nous-mêmes sont les deux fondements de la

vie chrétienne, et le préparer enfin à recueillir dans sa pléni-
tude la grâce dont il voulait le combler. Il jouit du calme et
de la tranquillité de l'esprit pendant son séjour à l'hôpital;
il se fit remarquer et intéressa tous ceux qui l'y virent par sa
piété, son affabilité envers tous, surtout par cet air de noblesse,
de dignité sans apprêt, qui lui était naturel. Les sœurs, surtout, prirent à lui le plus vif intérêt; elles apprirent de lui sa
position, les événements de sa vie, ses désirs, ses projets. Il
leur confia le nom de la généreuse bienfaitrice qui l'avait
soulagé à Paris. Elles lui écrivirent, lui peignirent sa vocation, l'impossibilité où il était de la remplir. Elle fournit à tous
les frais de son séminaire, et, au temps fixé par les règles de
l'Église et marqué par la divine Providence pour l'accomplissement de ses desseins sur ce vase d'élection, il fut ordonné
prêtre à Nancy, il y a à peu près cinq années. Il s'est dévoué
au ministère apostolique dans les missions de l'Amérique.
Il est aujourd'hui à la tête de deux paroisses dans le diocèse
de Buffalo aux États-Unis. »

C'est en 1854 que M. Desgenettes faisait insérer cette
notice dans les *Annales de l'Archiconfrérie*.

Les pratiques de cette union de prières consistent à porter
sur soi la médaille connue sous le nom de *miraculeuse*, à
réciter l'invocation: « O Marie conçue sans péché, priez pour
nous qui avons recours à vous! » et une fois la salutation
angélique.

Des grâces et des guérisons innombrables s'obtiennent
journellement dans ce sanctuaire vénéré, où Marie se montre
véritablement une Reine toute miséricordieuse.

L'autel de l'Archiconfrérie, devant lequel brûlent continuellement sept lampes d'argent, est resplendissant de cierges, de fleurs et d'*ex-voto*. Sous l'autel est exposé le corps de sainte Aurélie, vierge et martyre, précieuse relique donnée par Grégoire XVI à M. Desgenettes, lors de son voyage à Rome.

Saint Joseph est particulièrement honoré dans le sanctuaire de son auguste épouse et y répand aussi de nombreuses grâces ; il est souvent fait hommage à son nom dans ces milliers d'*ex-voto* qui entourent les murs de la chapelle miraculeuse.

L'église de Notre-Dame-des-Victoires n'est point un monument remarquable au point de vue de l'art ; cependant, le portail dessiné par l'architecte Cartaud offre un riche modèle d'architecture de l'ordre corinthien. Les sculptures sont de bon goût ; les beaux ornements qui décorent l'intérieur ont été exécutés par Charles Rebillé. On ne peut visiter ce sanctuaire sans être saisi d'un saint respect, car tout y rappelle la puissance et les bienfaits de la mère de Dieu.

XXII

NOTRE-DAME DE SARRANCE

(BASSES-PYRÉNÉES)

Le pèlerinage de Notre-Dame de Sarrance est le plus ancien des Pyrénées. Il date du VIIe siècle. Le Père Lasalle raconte ainsi son origine :

« Sarrance était un endroit désert où les habitants des

Bédous envoyaient paître leurs troupeaux pendant l'été. Un des bergers remarqua que son taureau disparaissait fréquemment et revenait fort engraissé, d'où il conclut qu'il avait découvert quelque endroit où l'herbage était plus tendre et meilleur. Il se mit à l'épier et, l'ayant suivi, le vit s'agenouiller sur une pierre au bord du Gave. Près de là était un pêcheur connu dans la vallée ; il l'appela, et tous deux ensemble s'approchèrent du taureau ; à leur grand étonnement, ils virent une petite statue de la sainte Vierge, à demi cachée dans les eaux bouillonnantes du ruisseau. La nouvelle se répandit dans le voisinage, et la population vint en foule pour voir cette merveilleuse découverte. Le curé de Bédous en parla à l'évêque d'Oloron, qui s'y rendit immédiatement, accompagné de son chapitre. La statue fut portée processionnellement dans la cathédrale ; mais quelques jours après elle avait disparu. On la retrouva sur la même pierre où le taureau l'avait fait découvrir. Ceci fut considéré par l'évêque comme un ordre de la sainte Vierge qu'on lui érigeât une chapelle à Sarrance. On construisit aussitôt à cette place un petit oratoire.

« Les incrédules sont de tous les temps ; il n'en manquait pas à Sarrance. Ces profanateurs arrachèrent la statue de son piédestal et la précipitèrent dans un trou profond au-dessous du pont, espérant qu'elle serait ensevelie à jamais sous les eaux et perdue pour la vénération du peuple. Mais ils furent frustrés dans leur attente, et leur terreur fut grande quand ils virent la statue remonter le courant et revenir à la place où ils l'avaient prise. A partir de ce jour, l'affluence augmenta encore au sanctuaire de Notre-Dame de Sarrance.

« A l'endroit où l'image fut trouvée par le taureau, est maintenant un petit piédestal en marbre où se lit cette inscription : « Ici fut trouvée la statue vénérée de la sainte « Vierge. »

Pendant deux cents ans, le sanctuaire de Sarrance fut desservi par les prêtres de Bédous ; mais en 1340 l'évêque en donna la direction aux religieux de Prémontré de Saint-Jean-de-Castille.

En 1465, Louis XI, étant allé à Bayonne pour rétablir la paix entre les rois de Castille et d'Aragon, se rendit au pèlerinage de Notre-Dame de Sarrance, y faisant ses dévotions comme un simple pèlerin, après avoir déposé ses ornements royaux et fait abaisser l'épée qu'on portait toujours levée devant lui.

Henri II, roi de Navarre et grand-père d'Henri IV, prit l'abbaye de Sarrance sous sa protection et se fit même construire près du sanctuaire une retraite dans laquelle il venait se reposer des soucis du royaume et songer à son salut.

D'illustres personnages suivirent cet exemple. Ils enrichirent de leurs dons la sainte chapelle et donnèrent, par leur présence et leurs bienfaits, une grande importance à ce pèlerinage.

En 1569, les huguenots, poussés par Jeanne d'Albret, fille d'Henri II, attaquèrent Sarrance et mirent le feu à cette belle église, qui paraissait être « plutôt l'ouvrage d'un Dieu que de la main de l'homme ». Le monastère, les appartements du roi et tous les monuments furent consumés. Les Prémontrés, qui desservaient Notre-Dame de Sarrance, furent massacrés, et les richesses de la chapelle tombèrent entre les mains sacrilèges de ces forcenés.

Toutefois, la miraculeuse statue de la Vierge avait été cachée dans une petite grotte par de pieux fidèles où elle resta longtemps. « Une profonde désolation s'étendit sur la contrée, dit l'auteur des *Sanctuaires des Pyrénées;* les terres, non cultivées, retombèrent dans leur ancienne stérilité ; les troupeaux recommencèrent à errer sur les versants des montagnes, et le chant des oiseaux fut seul entendu en ce lieu qui retentissait des hymnes solennelles à la louange de Marie. »

La persécution dura trente-huit ans. Les catholiques avaient à peine recouvré la liberté qu'ils formèrent le projet de reconstruire leur église. Un pieux religieux employa toute sa fortune personnelle à la réédification de la chapelle. La statue miraculeuse qui avait été cachée dans une grotte au fond des montagnes reprit possession de son sanctuaire et y opéra de nombreux miracles. Parmi ceux qui s'accomplirent à cette époque, nous en citerons un, dont M. l'abbé Lasalle nous a conservé le récit.

Un pauvre conducteur de Comminges vint un jour offrir une béquille comme *ex-voto* à la chapelle de Notre-Dame de Sarrance et déposa la relation suivante :

« J'avais un cheval que je ne pouvais maîtriser ; il était si sauvage qu'il me jeta un jour sur un tas de pierres si violemment que tous mes os craquèrent; j'eus recours à plusieurs éminents médecins, chirurgiens et apothicaires ; je restai dans leurs mains plus d'une année sans obtenir le moindre soulagement. Mon mal empira, je ne pouvais plus me lever ; il m'était impossible de me tourner d'aucun côté. Dans ce triste état, je me préparais à la mort et fis mon testament, laissant quelques petites choses selon mes moyens pour des œuvres de dévotion ; tout à coup, je me souvins que j'avais passé à Sarrance en allant en Espagne, à une époque où le culte de la religion catholique était prohibé par la malignité des huguenots. Il n'y avait alors rien à voir en cet endroit que les traces sanglantes de leur impiété ; cependant, comme j'avais entendu parler des beaux miracles que Dieu y avait opérés par l'intercession de la Vierge, je m'étais promis de faire plus tard une demande à cette chapelle. Sur ce, j'appris que la restauration avait eu lieu et qu'un grand concours de peuple s'y rendait de toutes parts, et je promis aussitôt à la Vierge de m'y rendre si elle m'accordait ma guérison, et de lui porter l'offrande que je voulais léguer dans mon testament ; à peine avais-je formé ce vœu que je me sentis mieux et que je fus capable de me retourner sans effort. Je marchai ensuite pendant quelques jours avec l'assistance d'une béquille, et je me trouvai enfin complètement guéri. C'est pourquoi je suis venu ici accomplir mon vœu et remercier la bonne Vierge de ma guérison. »

Le sanctuaire de Sarrance avait retrouvé toute sa célébrité, quand survint la tourmente de 93. L'église fut pillée, dévastée ; les biens des religieux confisqués ; la statue miraculeuse cachée une seconde fois par la piété des fidèles, qui ne cessèrent d'honorer en secret leur chère Patronne. Aussitôt que la liberté fut rendue au culte catholique, la dévotion à Notre-Dame de Sarrance reprit toute sa vigueur.

Pendant un demi-siècle, Sarrance fut érigé en paroisse et annexé au nouveau diocèse de Bayonne ; mais une personne pieuse, dont la famille avait acheté le monastère à l'époque de la Révolution, en fit don à l'évêché de Bayonne. Des missionnaires s'y établirent sous la direction des Pères de Garaison, et l'affluence des pèlerins devint de plus en plus considérable. Présentement, les pèlerinages sont très fréquents ; quantité d'*ex-voto* enrichissent les murs du sanctuaire et prouvent mieux que toutes les apologies ce qu'on peut, ce qu'on doit attendre de la puissante intercession de Marie.

XXIII

NOTRE-DAME DU ROSAIRE

(CALVADOS)

A deux lieues de Vire, près de la route qui conduit à Caen, sur un coteau riant et fertile, s'élève une chapelle consacrée à la sainte Vierge sous le titre de Notre-Dame du Rosaire. Sa situation est pittoresque et charmante : en approchant de ce champêtre asile, on se sent saisi d'un religieux respect qu'augmentent encore le silence, la solitude et les souvenirs. On y voit affluer non seulement les habitants de Vire, mais encore ceux du Bocage.

La fondation de ce sanctuaire est de date récente ; il est dû aux soins de Jean-Baptiste Lecreps, docteur-médecin de

Vire, qui le fit construire sur sa propriété en 1828, par amour et reconnaissance pour Marie. Il devint bientôt célèbre, tant par les miracles qui s'y opérèrent que par une pieuse association érigée par Mgr Dancel, évêque de Bayeux, le 14 octobre 1834. Cette confrérie a pour but d'honorer d'une manière toute particulière la sainte Vierge et d'attirer, par un saint concours de prières, les bénédictions du Ciel. En 1840, elle comptait déjà sept mille confrères, dont le nombre s'est augmenté depuis, chaque année.

Lorsque le soleil du printemps a tempéré les vents glacés de l'hiver, dit l'*Année de Marie*, et que le beau mois de mai commence, c'est un spectacle touchant de voir chaque jour de pieux pèlerins, après avoir quitté de grand matin leurs demeures et parcouru des distances de plusieurs lieues, s'avancer gravement et en silence, remplir ce nouvel Eden, planté d'arbres verts, qui environne la chapelle, se presser avec amour autour de l'image révérée, assister avec dévotion et recueillement au sacrifice de la messe, y recevoir la sainte communion, puis se tenir respectueusement à genoux deux heures entières, afin d'obtenir les grâces et les faveurs qu'ils sont venus solliciter.

Les personnes qui font avec foi ce pèlerinage éprouvent dans cette sainte chapelle des sentiments si doux, quelque chose de si attrayant qu'il faut souvent les inviter à se retirer pour faire place à ceux qui attendent. Le récit des consolations que l'on y goûte inspire aux autres fidèles le désir d'y avoir part eux-mêmes et les attire aux pieds de Marie. Il n'y a pas une seule famille distinguée dans Vire qui ne regarde comme un devoir d'y faire un voyage pendant ce mois de bénédiction, pas un curé d'alentour qui ne vienne, même plusieurs fois, y dire la messe, accompagné d'un grand nombre de ses paroissiens.

Dans les temps de calamités, de nombreuses processions s'y pressent autour de la sainte image, et bientôt on voit cesser les fléaux de la colère divine.

Ce sanctuaire est devenu célèbre par un grand nombre de guérisons miraculeuses. Nous répéterons ici avec joie, sur le témoignage d'une autorité respectable, que la dévotion des peuples pour Notre-Dame du Rosaire est aujourd'hui, comme anciennement, très fervente, et que toutes les personnes qui ont des grâces à demander recourent toujours avec le même empressement à l'intercession de cette infatigable Avocate des pauvres et des affligés.

XXIV

NOTRE-DAME DU CHATEAU

(HAUTES-ALPES)

Au XVe siècle, une terrible épidémie vint exercer ses ravages dans la pittoresque ville de Briançon ; pour conjurer le fléau, les habitants résolurent d'envoyer une procession au tombeau de sainte Marthe qui était en grande vénération à Tarascon. Les pieux fidèles désignés pour en faire partie firent cette longue route à pied au chant des hymnes et des cantiques, ayant à leur tête une statue de la Vierge qui était chère à la cité, mais qui devait rester à Tarascon pour perpétuer la mémoire de ce pèlerinage. Cette image sainte n'a guère plus de cinquante centimètres de hauteur ; elle est faite d'un cep de vigne et représente la Vierge portant sur le bras droit son divin Fils. Elle est revêtue d'une robe sans plis qui a la forme d'un cône, et qui ne laisse à découvert que la tête de la sainte Vierge et celle de l'Enfant Jésus. Ces deux têtes divines ont une touchante expression de bonté.

La cérémonie du pèlerinage accomplie, la statue de la Vierge de Briançon fut déposée dans une chapelle située en face le château du roi René, ce qui lui fit donner le nom de Notre-Dame du Château, tout en conservant celui de son origine, de Belle-Briançonne.

Cette chapelle attira tous les dévots serviteurs de Marie ; le samedi et aux fêtes de la sainte Vierge, les rues avoisinant le château étaient encombrées de pieux pèlerins. Les juifs, auxquels ce quartier avait été assigné — car, à cette époque, ils étaient obligés d'habiter la résidence qu'on leur désignait, — se plaignirent de cet encombrement et demandèrent qu'on transportât ailleurs la Belle-Briançonne, ou qu'on leur assignât une autre habitation.

Comme la chapelle du château menaçait ruine, on tint compte de leur requête ; mais on y mit une condition, c'est qu'ils bâtiraient un ermitage sur le mont des Alpines, pour y transporter Notre-Dame du Château.

Cette chapelle, construite sur la montagne, fut bientôt trop petite pour le nombre de pèlerins qui venaient, même de loin, implorer le secours de Marie ; on la remplaça par une église, vers la fin du xve siècle, et la sainte montagne prit le nom de Notre-Dame-du-Château.

La Belle-Briançonne, depuis son séjour sur la montagne, manquait aux processions qui se faisaient à Tarascon, surtout à celles des Rogations. On avait confiance en cette antique statue, aux pieds de laquelle tant de pèlerins venaient s'agenouiller et recevoir en échange de leurs prières des marques éclatantes de la bonté divine ; on était unanime à penser que sa bénédiction manquait aux campagnes pour la prospérité des biens de la terre. Ces regrets pleins de l'esprit de foi décidèrent le conseil ecclésiastique à ordonner que chaque année, le dimanche d'avant les Rogations, Notre-Dame du Château fût amenée à la ville et y séjournât jusqu'après les processions ordinaires. La dévotion populaire était si grande qu'on se vit dans la nécessité de prolonger son séjour à Tarascon pendant six semaines.

Dès le matin du dimanche qui précède les Rogations, la ville s'émeut, elle prodigue les guirlandes et les fleurs, et l'église étale sous ses voûtes toutes les splendeurs de ses trésors.

Les habitants des villages voisins se hâtent d'arriver à la ville pour se joindre à la procession qui part de l'église Sainte-Marthe ; jamais si longue procession n'est sortie des murs de la ville ; jamais plus joyeuse fanfare n'a retenti dans les chemins qui conduisent aux Alpines et qui sont couverts de pèlerins. Les rangs se confondent, les cœurs s'unissent dans une même pensée et dans un même refrain d'amour pour Marie !

Arrivés sur la montagne sainte un splendide panorama se déroule dans le lointain sous les yeux des assistants, un de ces spectacles qui élèvent l'âme vers Dieu et plongent dans une silencieuse admiration. Rien de plus ravissant que cette riche vallée, admirable de culture, qui s'étend à perte de vue jusqu'aux bords du Rhône et de la Durance, qui serpentent gracieusement à l'horizon. Elle est bordée d'un côté par les montagnes du Vivarais, de l'autre, tout à fait au nord, par le mont Ventoux, dont la cime est couverte de neige, et enfin, par l'interminable chaîne des Alpes, qui semble ceindre à l'est cette plaine de merveilleuse fécondité. Tarascon avec son élégant clocher et les majestueuses tours de son château ; Avignon, la ville papale, avec son magnifique palais ; une multitude de petits villages aux flèches élancées, dispersés çà et là comme des nids dans un bouquet de verdure, ajoutent à la beauté de ce panorama enchanteur.

Après une messe chantée solennellement, le joyeux carillon des cloches annonce le départ de la Belle-Briançonne vers la ville. Une première station a lieu au bas de la montagne ; la Vierge est déposée sur un autel champêtre gracieusement orné, et chacun s'empresse pour la voir et lui rendre hommage. Des jeunes filles vêtues de blanc chantent les louanges de leur Mère et répandent des fleurs sur son passage ; leurs voix pures et vibrantes font retentir l'air de leur chant d'allégresse. La procession s'avance dans un ordre parfait et s'arrête une seconde fois au village Saint-Étienne, où Notre-Dame du Château est déposée dans l'église et où le prêtre donne la bénédiction.

La troisième station a lieu près de la croix de Laurade ;

la foule devient plus compacte ; des musiciens arrivent dans des chars lancés au galop et mêlent le son de leurs bruyants instruments au roulement du tambour. A mesure que la procession avance, l'enthousiasme redouble ; la foule s'y joint avec empressement, et les décharges de mousqueterie se mêlent au chant des hymnes saintes.

Une quatrième station a lieu au reposoir de la Croix couverte, vis-à-vis des casernes, où les corporations militaires rendent à leur manière hommage à leur Reine.

Avant d'entrer dans la ville, on procède à la toilette de la Belle-Briançonne ; la robe simple qu'on lui a mise le matin est remplacée par une autre richement ornementée. Les épingles qui ont attaché cette première robe sont sollicitées par bien des mères, car on est persuadé qu'elles portent bonheur aux nouveau-nés, quand on s'en sert pour attacher leurs premiers langes.

La procession se dirige ensuite vers l'église Sainte-Marthe, où Notre-Dame du Château fait son entrée solennelle au bruit des tambours, des trompettes et des cloches. Un grand nombre de fidèles se confondent bientôt dans une vaste église, tous venus pour honorer la Reine du Ciel et de la terre ! La statue de Marie est déposée sur une estrade au milieu du chœur. Alors le saint tabernacle s'ouvre : la fumée de l'encens s'élève sous les voûtes sombres ; la foule, agenouillée, entonne l'hymne de l'adoration eucharistique au milieu des accents de l'orgue, auxquels répondent les chœurs des musiciens. Bientôt les tambours battent, les cloches s'ébranlent et annoncent que le Dieu trois fois saint vient une fois de plus de bénir ses enfants.

Pendant les six semaines que Notre-Dame du Château passe dans l'église de Sainte-Marthe, elle est l'objet de la plus grande vénération ; une multitude de cierges offerts par la piété des fidèles y brûlent continuellement. Chaque jour on la revêt d'une nouvelle robe, et cette cérémonie attire un grand nombre de personnes. Les malades et les affligés y viennent de loin, et beaucoup d'entre eux sollicitent la faveur de porter la sainte Vierge de son autel à la table sur laquelle on l'habille, ou de cette table à l'autel ; et souvent l'auguste Mère de Dieu leur donne des témoignages éclatants de sa miséricordieuse bonté.

Au bout de quarante jours, Notre-Dame du Château reprend le chemin de sa chapelle. Ses pieux serviteurs l'accompagnent : c'est la fête du recueillement ; presque tous s'approchent de la table sainte, et c'est avec regret qu'ils quittent cette montagne bénie, où chaque jour de nouveaux pèlerins viennent offrir leurs hommages et leurs vœux à Celle qui ne sait qu'aimer, protéger et bénir ses enfants.

XXV

NOTRE-DAME DU GUET

(MEUSE)

Notre-Dame-du-Guet, à Bar-le-Duc, remonte à la plus haute et à la plus glorieuse antiquité. Nous empruntons le récit suivant à une notice de M. l'abbé Gouget.

« Au IXe siècle, la ville de Bar avait acquis une importance considérable, grâce à cette noble famille des comtes de Bar qui en jouissaient en qualité de suzerains, et dont le gouvernement sage, modéré, progressif, tendait à développer harmonieusement les forces morales et matérielles du pays.

« A partir de cette époque, l'histoire de la cité de Bar s'éclaircit. Nous connaissons avec une complète certitude l'histoire des grands princes qui y régnèrent, et il devient impossible de contester le rang qu'elle occupait dans le pays, quand on voit Frédéric, l'un de ses comtes, s'unir étroitement à la famille des Hugues Capet et monter, si je puis m'exprimer ainsi, sur le trône de Bar, avec les attributs de la souveraineté et de l'indépendance.

« De Frédéric jusqu'à Renaud Ier, qui lui succéda en 1105, deux siècles à peu près s'écoulèrent, sur lesquels je n'ai rien à dire, car j'ai hâte d'arriver à mon sujet. C'est sous le règne de ce dernier prince qu'eut lieu l'événement miraculeux par lequel Marie manifesta aux habitants de Bar sa toute-puissante protection.

« A ce moment, notre ville présentait un aspect imposant : le château que Frédéric avait fait construire était flanqué à ses quatre angles de tours épaisses, fières, menaçantes, et toute la partie haute était murée par une enceinte bâtie dans presque toute son étendue par le roc, surplombant un fossé à sec et profond, sans autre passage que celui des portes crénelées, en sorte que la ville haute se donnait la physionomie d'une citadelle redoutable, d'où les princes de Bar pouvaient jeter le défi à leurs voisins querelleurs et ambitieux. Mais il est écrit que le Seigneur seul est la sentinelle vigilante et indomptable d'une ville et que, s'il ne la garde lui-même, ni soldats ni remparts ne peuvent en arrêter la chute.

« Or il arriva, dans le cours du XIIe siècle, que le comte Renaud fut assiégé par des gens de guerre venus du côté de Verdun. Après s'être rendus maîtres de la partie basse de la ville, ils abordèrent les murailles et n'avaient plus à surmonter que cette dernière résistance.

« Pendant une nuit, les assiégeants se glissèrent par le chemin de ronde du côté de Polva et, protégés par les ténèbres et les accidents du terrain, ils purent se risquer à avancer jusqu'à la Porte-au-Bois. Là, comptant sur leur nombre et enivrés par la proximité du succès, ils allaient frapper un dernier coup. Mais combien d'espérances de ce genre ont été honteusement démenties ! Que de victoires à moitié gagnées ont été définitivement perdues ! Que de superbes défis ont été confondus ! Et comment ? Par un de ces revers inattendus que l'orgueil humain, dans son exaltation, ne peut pas prévoir, par un de ces éclats soudains qui révèlent la puissance de Dieu et cette intervention toute-puissante qu'il entend bien ne jamais perdre dans les choses humaines. On l'a vu dans cette nuit mémorable.

« Au-dessus de la Porte-au-Bois, la piété intelligente de nos pères avait placé une image de la Vierge Marie, une statue qui représentait la mère de Dieu tenant sur l'un de ses bras le Sauveur du monde. Elle était là, suivant les progrès du siège et attendant, pour agir et déployer son pouvoir, que l'audace de nos ennemis fût montée à son comble.

« L'un deux, poussé sans doute par cette rage aveugle de l'impiété et du vice qui exclut toute prudence et tout raisonnement, et agissant uniquement sous la pression d'un instinct brutal et insensé, ramasse une pierre sur son chemin et la lance avec fureur et blasphème contre la statue de Notre-Dame.

« A ce coup, le siège avait changé d'aspect. Ce n'était plus le comte de Bar qui était assiégé et insulté, c'était la Reine du Ciel qui était effrontément bravée et outragée sur le trône que lui avait dressé la piété de ses enfants. Alors cette Vierge d'une douceur incomparable remit à son divin Fils l'instrument du crime, qui n'a pu la blesser, et Celui-ci, devant qui toutes les puissances de la terre ne sont qu'un néant, fixe sur l'impie provocateur un regard qui l'étend raide mort. Cette vengeance inattendue et si tragique brille comme la foudre dans cette nuit terrible. Les assiégeants consternés tournèrent le dos et, exhalant, dans leur effroi, ce cri : « Dieu vous garde ! » réveillèrent le poste, qui sortit aussitôt et n'eut presque rien à faire pour achever la déroute complète de ces malheureux fuyards.

« La ville fut sauvée, et l'on célébra cette délivrance comme un témoignage éclatant de la protection de Marie.

« Ce récit n'est point recueilli des traditions populaires, qui le racontent avec quelques nuances ; je l'ai puisé intégralement dans les archives de la Meuse, où il était mêlé à des documents très importants de l'histoire de l'ancien duché de Bar, lesquels ont été providentiellement sauvés à l'époque de la Révolution.

« C'est à ce religieux dépôt, qui contient les actes et les titres relatifs à la vie politique des ducs de Bar, que nous avons emprunté le compte rendu de la délivrance de la ville par l'intervention de Marie. »

C'est depuis cette époque que la Vierge de la Porte-au-Bois a été surnommée Notre-Dame du Guet ; elle continua de veiller sur ceux qu'elle avait si bien défendus. Les chrétiens venaient en foule lui rendre leurs hommages et en obtenaient des faveurs de tout genre. Mais Louis XIV ayant ordonné la destruction de toutes les forteresses de ces pays, où régnait l'amour de l'indépendance, la Porte-au-Bois fut démolie en 1672, et le corps de garde voisin servit d'asile à la statue miraculeuse. Le peuple resta fidèle à sa chère libératrice, et là encore, Marie récompensait libéralement la foi et la piété de ceux qui venaient l'honorer dans ce pauvre sanctuaire.

Le conseil de la ville adressa une requête à l'évêque de Toul à l'effet d'obtenir l'autorisation de bâtir une chapelle où serait placée cette sainte image. La permission ayant été accordée, on se mit à l'œuvre pour la construction de la chapelle, qui fut bâtie sur la ligne des remparts, au-dessus de la Porte-au-Bois. On en admirait la splendeur ainsi que la richesse des ornements. Le peuple sentit son cœur se serrer quand, le 2 thermidor 1794, Notre-Dame du Guet fut arrachée de son sanctuaire et cruellement mutilée. Tout fut enlevé et profané ; la chapelle ruinée et déserte resta en cet état jusqu'en 1806, époque à laquelle un pieux et charitable prêtre, M. Rollet, entreprit de rendre à la vénération publique la statue miraculeuse de Notre-Dame du Guet. Mais elle n'était pas intacte : la tête, détachée du tronc, avait été dérobée, pendant la Terreur, par une famille pieuse, et le bras de l'Enfant Jésus gardé comme un gage de bénédiction par une autre famille. Toutes deux s'empressèrent de restituer ces précieuses reliques, et la bonne Vierge de la Porte-au-Bois, assez grossièrement restaurée, fut placée dans l'église de Saint-Étienne et entourée d'une tendre vénération.

En 1885, la chapelle, réédifiée, fut solennellement bénite en présence d'une foule recueillie et empressée.

La dévotion qu'on témoigne à Notre-Dame du Guet continue à faire aujourd'hui, comme par le passé, la consolation des âmes pieuses. On apporte de loin des infirmes et des malades à ses pieds, et on ne s'approche point en **vain** de cette image vénérée; on n'élève point en vain ses **bras** suppliants vers elle, sans qu'il en sorte une lueur céleste qui éclaire l'esprit, un rayon qui console, un baume qui guérit.

XXVI

NOTRE-DAME D'EMBRUN

(HAUTES-ALPES)

Le pèlerinage à Notre-Dame d'Embrun a été l'un des plus célèbres de la chrétienté. Pendant trois siècles on vit les populations accourir de tous les points du monde catholique, de la France, de l'Italie et même des pays d'outre-mer, pour invoquer la Vierge qui opérait des prodiges.

Les rois de France sont venus s'agenouiller devant elle, et l'histoire nous a conservé le souvenir de la dévotion toute particulière que l'un d'eux avait vouée à la Mère de Dieu.

Depuis 1320 jusqu'en 1585, le concours des fidèles fut si

grand que pendant ces trois siècles cent prêtres suffisaient à peine à l'empressement des pèlerins.

L'archevêché d'Embrun puisait dans cette pieuse renommée une importance considérable. Son clergé était puissant, le trésor de son église splendide; les pèlerins apportaient les plus riches présents.

Dans la cathédrale la pompe religieuse égalait celle des Souverains Pontifes, et, lorsque les rois de France, s'avançant avec leurs escortes, à petites journées, à travers ces montagnes, faisaient leur entrée dans cette ville d'Embrun, on ne savait lequel était le plus puissant ou de ce monarque qui venait s'humilier, ou de cet archevêque qui le recevait avec une princière magnificence.

La fin du xvie siècle marqua la chute de cette grandeur. Les soldats de Lesdiguières détruisirent l'image de la Vierge miraculeuse, ils saccagèrent l'église et l'archevêché et en dispersèrent les richesses; plus tard, la Révolution chassa le dernier évêque, et tout récemment le feu du ciel foudroyait la vieille basilique.

Aujourd'hui, au bruit de la foule a succédé un morne silence, à la richesse la pauvreté, à la majesté de l'édifice la ruine et la dégradation, et l'antique métropole fondée par Charlemagne élève vers le ciel ses bras mutilés. Elle attend, résignée, la restauration du vieux clocher qui la domine, et la réparation de l'injuste oubli dans lequel sa mémoire est tombée.

Malheureusement, l'image miraculeuse n'existe plus, elle a dû périr pendant les guerres de religion. Ce n'était pas une statue, mais une peinture. Cette peinture n'était pas à l'inté-

NOTRE-DAME D'EMBRUN

rieur de l'église, mais à l'extérieur, encadrée dans le tympan de la porte d'entrée, ouverte au nord. Cette porte quoique latérale, n'en est pas moins la principale de l'édifice parce qu'elle regarde la ville et donne aux fidèles un accès plus court et plus facile.

Ce tableau, qui avait reçu le nom de *Réal*, représentait l'adoration des Mages. Une inscription peinte en beaux caractères romans sur l'arc même du tympan, inscription encore lisible sauf un mot gratté, était ainsi conçue : *Tres reges, Marchior, Baltasar, Regina Cœli, Joseph angelus... ait ad Joseph.*

Ce n'est que par l'inscription ci-dessus que l'on peut reconstituer le sujet du tableau, car, si on y fait attention, elle n'est composée que de noms propres qui se trouvaient placés précisément au-dessus des divers personnages qu'ils désignaient, comme on avait coutume de le faire dans les vieilles peintures. Ainsi, au sommet de l'arc et au centre de l'inscription, on lit: *Regina Cœli;* la sainte Vierge tenant l'Enfant Jésus sur ses genoux occupait naturellement le centre du tableau. A sa droite étaient les trois rois mages : *Tres reges.* A gauche de la sainte Vierge, on voyait son bienheureux époux : *Joseph*, puis un ange : *angelus*, lequel parle avec saint Joseph. On peut supposer qu'il lui fait connaître les soupçons jaloux d'Hérode, avertissement qui devait faire prendre aux Mages une autre route pour retourner dans leur pays.

Tel fut ce fameux tableau d'après M. l'abbé Pron, qui a publié, il y a près de vingt ans, une notice fort intéressante et malheureusement trop courte sur Notre-Dame d'Embrun.

On attribue la destruction du *Réal* aux huguenots qui pillèrent la cathédrale et enlevèrent « beaucoup d'or, d'argent, de perles, de dentelles et de tentures » ; ils savaient bien qu'en détruisant ce tableau ils portaient un coup irréparable au culte de la Vierge. Il est à croire que le *Réal* avait une certaine valeur artistique et qu'il était l'œuvre d'un peintre italien. Embrun n'étant, du reste, qu'à quelques heures de la frontière, cette supposition est fort acceptable. Il est encore d'usage que tous les ans, le jour de l'Épiphanie, le clergé vienne processionnellement encenser le tableau qui remplace l'image vénérée, tableau sur toile datant de 1706 et représentant l'adoration des Mages.

L'église d'Embrun remonte au ixe siècle et fut érigée en métropole ecclésiastique par un édit de Constantin le Grand. L'empereur Théodose aida saint Marcellin à la construire, et Charlemagne, cinq siècles plus tard, la fit réparer.

Dans une bulle datée de 1058, le pape Victor II engage l'archevêque Viminien à restaurer l'église dédiée à la Vierge. Le langage du pape nous apprend que ce temple d'une construction admirable, bâti à grands frais par la foi, était alors misérable, ravagé par les Sarrasins, souillé par l'hérésie et le meurtre ; enfin le pontife la dépeint comme n'ayant d'une église que le nom et commençant déjà à étaler la misère et la dégradation de ses murailles. Les premiers miracles ont lieu vers 1515, ainsi qu'il résulte d'une lettre écrite, le 18 juin 1516, par le chapitre d'Embrun au maréchal Jean-Jacques Trivulce, maréchal de France, pour le remercier des riches présents qu'il avait adressés à Notre-Dame d'Embrun, en reconnaissance de la guérison miraculeuse d'un de ses fils.

Louis XI avait une dévotion toute particulière pour Notre-Dame d'Embrun, il portait à son chapeau une image de la célèbre Madone, et souvent, dans le cours de la journée, il se découvrait et, se prosternant devant elle, lui adressait une de ces invocations singulières dont ses historiens nous ont conservé la forme originale.

Charles VII, père de Louis XI, instruit des prodiges opérés par la Vierge d'Embrun, voulut qu'après sa mort on célébrât pour le repos de son âme, dans l'église cathédrale, deux services solennels, ce qui eut lieu en 1477 et 1478. Ces messes furent dites sur l'invitation expresse de Louis XI, et la preuve en résulte de l'acte de transcription de lettres contenant ordre, à la date du 23 mars 1477, de la part de Jean Briçonnet, receveur général des finances, à Jean Ginon, receveur en Dauphiné, d'avoir à payer au chapitre d'Embrun cinq cents livres tournois, prélevables sur deux années de ses recettes.

On a prétendu que Louis XI était venu en pèlerinage à Embrun en 1481, mais il est présumable que ce fut seulement en 1482, à l'époque où la peste régnait en Dauphiné, après un séjour que le roi fit à Lyon. Vers cette époque, un gentilhomme nommé Cabassol, natif d'Embrun, de l'armée de Louis XI, avait dans une bataille perdu complètement la vue et allait être massacré par l'ennemi, lorsqu'il se voua à la Vierge qui lui rendit la vue et lui permit, grâce à la vitesse de son cheval, d'échapper au péril. Un peu plus tard, un jeune homme nommé Martin Rame avait été ressuscité sur les ardentes prières que son frère avait faites devant le *Réal*. Ces guérisons miraculeuses eurent un grand retentissement et augmentèrent encore la foule des pieux pèlerins.

Peu après la visite que Louis XI fit à Embrun, il accorda une rente annuelle de 13,000 livres au chapitre de la cathédrale, rente qui devait être prélevée sur les impôts que lui payait le Briançonnais, à la charge par le chapitre de chanter tous les jours une grand'messe en musique, avec le *Gloria* et le *Credo*, même pendant la semaine sainte.

Le chapitre d'Embrun, pour témoigner au roi sa reconnaissance prit une délibération dans laquelle, après avoir rappelé l'affection singulière et continuelle du sérénissime et très chrétien roi Louis envers cette église, les revenus considérables et les oblations nombreuses dont il l'avait dotée sans déroger aux fondations antérieures, il ordonna que chaque jour il serait célébré à perpétuité, par un de ses chanoines, une messe solennelle en l'honneur de la glorieuse Vierge à la façon des fêtes doubles avec cinq collectes. Enfin le chapitre prit des mesures de rigueur contre ceux des assistants qui ne seraient pas restés depuis le *Kyrie* jusqu'à l'*Ite missa est*. Afin d'assurer la perpétuité de ses dons et l'exécution de la délibération du clergé d'Embrun, le roi eut recours au saint-siège, et Sixte IV confirma le tout, lettres patentes et délibération, par une bulle datée de janvier 1483, dans laquelle le Souverain Pontife nommait Louis XI et tous les rois de France ses successeurs chanoines de la cathédrale d'Embrun avec le droit de porter le surplis, la chape et l'aumusse.

C'est le même monarque qui promit une grille d'argent pour entourer l'autel de la Vierge, et la tradition veut que cette promesse n'ait jamais été réalisée; mais il est incontestable que Louis XI donna à la cathédrale les orgues sur lesquelles furent sculptés son portrait et celui de son fils, Charles le Dauphin; ces orgues furent placées contre le premier pilier de la voûte qui soutient le clocher, elles sont fort belles et hardiment posées. On a prétendu que les tuyaux étaient en argent et que les calvinistes les avaient enlevés, mais rien n'est moins prouvé.

Les portraits du Roi et du Dauphin furent respectés par les huguenots, mais ils auront été sans doute détruits à la Révolution. La place qu'ils occupaient sur le buffet des orgues porte encore des traces de mutilation.

Louis XI paraît avoir transmis à Charles VIII la dévotion qu'il avait pour la Vierge d'Embrun, mais cette vénération ne se manifesta pas de la même manière: au lieu de faire des dons et des largesses, il en aurait volontiers accepté ; au lieu de doter la Madone, il la dépouilla. Il révoqua la donation perpétuelle de 13,000 livres à laquelle son père avait voulu donner la consécration papale pour en assurer le service à tout jamais. Charles VIII vint deux fois à Embrun pendant son règne. La dévotion à Notre-Dame d'Embrun ne faisait que s'accroître, la confiance des pèlerins redoublait, les miracles devenaient plus fréquents. Le roi, qui avait passé une partie de son enfance au château d'Amboise où de longues souffrances avaient déformé son corps, était souvent malade ; il avait fait un vœu à Notre-Dame du Réal et vint en novembre 1489 l'accomplir ; ce fut la date du premier voyage qu'il fit à Embrun. Vers la fin du mois d'août 1494, Charles VIII exécuta son second voyage, mais il ne s'agit plus seulement de pèlerinage : le roi conduisait son armée à la conquête du royaume de Naples ; il était accompagné des princes et d'une brillante cour. A son retour de la campagne d'Italie, il passa par Briançon, mais ne descendit pas à Embrun. L'état des finances sous Charles VIII justifia, jusqu'à un certain point, la suppression ou plutôt la réduction à 300 livres de la fameuse rente consentie par Louis XI. Le chapitre accepta cette nouvelle situation avec patriotisme, et, malgré cette diminution considérable de ses revenus, n'en continua pas moins pendant deux siècles à dire tous les jours la messe du roi ; ce n'est que vers le commencement du règne de Louis XV qu'il exigea le payement de la fondation entière ou la réduction du service, ce qui fut fait ; on ne chanta plus la messe du roi que tous les dimanches.

Louis XII, allant en Italie en 1502, arriva à Grenoble le 23 juin, et, quelques jours après, à Embrun ; il fut reçu dans la cathédrale, revêtu des ornements de chanoine, ainsi qu'il a été dit plus haut. Sa dévotion toute particulière au sanctuaire du Réal est un gage de sa munificence envers Notre-Dame, quoiqu'il ne soit resté aucun document à cet égard.

Sous l'épiscopat du cardinal-archevêque Nicolas de Fresque, l'église d'Embrun avait d'urgentes réparations : son clocher menaçait ruine ; il s'agissait de remplacer les vieilles constructions qui couvraient le Réal et de bâtir à leur place une chapelle fermée, dans laquelle on pourrait célébrer l'office divin. Louis XII joignit ses instances à celles du cardinal auprès du pape Léon X, qui accorda des indulgences plénières à tous ceux qui feraient leur dévotion à Notre-Dame d'Embrun, ou qui verseraient des aumônes pour la reconstruction de l'église et les réparations de la chapelle.

Ce fut encore la guerre qui amena François Iᵉʳ dans les Alpes, dans le courant d'août 1715, avant la bataille de Marignan. Le roi fut reçu avec le cérémonial ordinaire et fit d'importantes largesses à Notre-Dame.

Plus tard, Henri II, visitant les frontières en revenant de

prendre possession du marquisat de Salluces, se dirigea vers Embrun. L'archevêque, à la tête du chapitre, se rendit au-devant de lui jusqu'à Guillestre et lui présenta les bulles de la chanoinie, en lui demandant s'il voulait être reçu en sa qualité de chanoine ou comme souverain. Le roi, ne voulant pas abandonner ses droits, revêtit le surplis et l'aumusse et fut reçu solennellement le jour de la Nativité de la Vierge, qui est la grande fête patronale, au milieu d'un concours extraordinaire de peuple attiré par la fête, le jubilé et l'arrivée du roi.

Malgré la misère et la cherté des vivres provoquées par une sorte de famine, la ville d'Embrun fit de grandes dépenses pour l'entrée du roi. Tout fut employé : troupes sous les armes, coups de canon, feu d'artifice, illuminations. Chacun se para de ses plus beaux habits ; on tapissa les rues, et le consul Turin Disdier, suivi des plus notables, présenta au roi un cœur d'argent surdoré, c'est-à-dire en vermeil, au dedans duquel était une figure de Notre-Dame tenant Jésus-Christ en ses bras, et des trois rois, et celle de Sa Majesté qui rendait ses hommages à cette sainte Mère qui le recevait en sa protection. L'église d'Embrun était alors à l'apogée de sa puissance ; les dons affluaient de toutes parts. Un roi d'An-gleterre, Édouard II, avait envoyé une chape verte, or et argent, enrichie de pierreries, sur laquelle étaient les por-traits de tous les rois ses prédécesseurs. Cette chape, qui était une merveille de tissu et de dessin et ne servait que pour la procession de la Pentecôte, disparut dans le pillage de l'église en 1585 ; mais ce précieux ornement n'était pas le seul que possédait le trésor de la cathédrale.

L'église d'Embrun avait un clergé puissant : son chapitre

se composait de seize chanoines, outre les chanoines honoraires, les bénéficiers, les prébendiers et les habitués. Plus de cinquante chapelains y célébraient tous les jours l'office divin, au xv° siècle. Ce nombreux personnel se couvrait de vêtements somptueux les jours de fête, et c'est avec un étonnement mêlé d'admiration qu'on lit l'inventaire de ces richesses que la foi de nos pères avait entassées pendant plusieurs siècles avec une incroyable profusion.

Parmi les ornements sacerdotaux, les plus remarquables étaient une chasuble de satin cramoisi, une autre de velours rouge ; diverses étoles et manipules brochés d'or ; une chasuble de damas blanc pommelée d'or ; une autre chasuble et les deux dalmatiques de damas rouge garnies de velours vert et d'or ; une chasuble de velours violet, avec les dalmatiques de même étoffe et les orfrais d'or ; une autre chasuble et les deux dalmatiques de velours violet, avec broderies d'or sur le devant et au dos. Il y avait aussi des parements de taffetas rouge pour les jours simples, des habits de satin bleu, d'autres de satin de Bourges, d'autres de damas vert faits à l'antique, de satin jaune, de taffetas vert avec parements de satin vert ; des chasubles de cancelot rouge, violet, velours noir, d'autres de damas blanc pommelé, pour les messes de mariage ; et enfin, des chasubles et dalmatiques de damas blanc, avec les armes des donateurs brodées en or et en argent. Il existait un drap appelé d'Abraham, d'un prix inestimable, où était représenté le sacrifice d'Abraham ; ce drap fut donné à Charles-Emmanuel, duc de Savoie, en reconnaissance du rachat qu'il avait fait des ornements, après le pillage de l'église. On y voyait encore une chape d'or donnée, ainsi que la chasuble et les dalmatiques, par le cardinal-archevêque Nicolas de Fresque. Une chape de velours violet pommelée d'or, avec les dalmatiques et la chasuble pareilles données par l'archevêque de Jarente. Une chape avec la chasuble, les dalmatiques, l'étole et les manipules dits d'or plein, donnés par l'archevêque d'Ancedune. Une autre chape, chasuble, dalmatiques, etc., avec deux gros boutons d'or, le tout d'étoffe d'or frisé, cadeau du même archevêque ; deux parements d'autel de drap d'or, avec des franges blanchies tout autour ; cet ornement, appelé poile, était porté devant l'archevêque quand il officiait pontificalement. L'archevêque Baïle avait donné une chape de damas rouge appelée palmeri, une autre de damas rouge pommelée d'or, trois de damas vert pommelées d'or, cinq autres chapes de velours violet, trois de damas vert et trois de damas orange.

Il existait une robe de Notre-Dame, d'or plein, en deux pièces ; une autre de damas blanc, et une troisième de satin bleu. Les mêmes vêtements pour l'Enfant Jésus avec devant en toile d'or.

On voyait une mitre, avec plusieurs plaques d'argent émaillées en bleu, violet et incarnat ; une autre mitre de damas blanc, doublée de taffetas cramoisi ; une autre en soie blanche garnie de perles ; un grand nombre de tapisseries, toutes plus riches les unes que les autres, contribuaient à l'ornementation de la basilique les jours de fête.

Parmi les reliquaires, l'un en or, donné par Philippe Macri, contenait le chef de sainte Ursule, ayant une couronne de vermeil ornée de douze pierres précieuses, de deux fleurs de lis d'argent et de cinq feuilles terminées par une perle ; un autre renfermant le chef de sainte Anne, en argent monté sur quatre lions.

Une châsse en argent garnie de cent treize pierres précieuses, montée sur un socle en cuivre orné de vingt-six pierres, renfermait le bras de saint Marc.

Des ceintures de la sainte Vierge étaient déposées dans une boîte d'argent. Un reliquaire d'argent tout garni de pierres précieuses servait à exposer le corps de Notre-Seigneur au jour de la Fête-Dieu.

Une des plus belles pièces représentait l'Assomption de la Vierge avec Jessé au pied et les douze rois d'Israël, six de chaque côté ; sur le haut, la figure du Père éternel avec des anges dans une nuée ; au bas, figuraient les armes du Chapitre.

Le trésor contenait encore plusieurs garnitures d'autel, croix et chandeliers en argent émaillé en diverses couleurs, des statuettes en or et vermeil, des calices en argent dans lesquels étaient serties des perles et des pierres précieuses, des burettes d'argent niellé, d'autres d'or ciselé avec art, une couronne en argent, une autre en cuivre garnie de pierreries qui en faisaient le prix, plusieurs crosses de métal précieux, quatre grandes croix en vermeil avec une Notre-Dame et un saint Jean aux côtés, un grand encensoir en argent, quatre autres avec leurs navettes d'une grandeur ordinaire également en argent ; une statue de sainte Catherine avec une rose à la main droite, une épée à la main gauche, et une couronne sur la tête ; une statue en argent de saint Marcellin d'un prix inestimable.

Il existait encore quantité d'autres objets d'orfèvrerie et nombre de pièces d'étoffes précieuses qui furent dispersées au moment du pillage de la ville en 1585.

La ville d'Embrun était essentiellement religieuse, c'était

là le côté dominant de sa situation morale et matérielle ; comme bien d'autres villes, Vienne, Arles, Fréjus, Embrun a perdu son ancienne splendeur ; Briançon lui a ravi son importance militaire ; les guerres de religion, en détruisant le *Réal*, tarirent une des sources les plus abondantes de sa prospérité et la Révolution lui a enlevé son archevêché qui faisait sa renommée et sa fortune. Le tableau de Notre-Dame attirait une foule considérable de pèlerins qui séjournaient dans la ville ; de nombreuses hôtelleries les hébergeaient, et quantité de petites industries vivaient de ce concours de peuple. Le commerce d'objets de dévotion, images religieuses, emblèmes, chapelets, médailles, statuettes, etc., existait à Embrun sur une grande échelle, ce n'était pas une des moindres causes de sa prospérité. Mais, hélas ! un seul jour a suffi pour ruiner cette cité et la plonger en quelque sorte dans l'oubli. Ainsi le voulurent les décrets de la Providence. La ville d'Embrun, toute-puissante et enrichie par le pèlerinage à sa Vierge, fut opprimée au nom d'un culte réformé ; ce qui avait été la cause de sa fortune devint la source de ses malheurs.

Le maréchal de Lesdiguières, à la tête des protestants, s'était emparé de Charges, petite ville de l'arrondissement d'Embrun ; il dirigea ses vues sur Embrun. Il désirait s'assurer de la personne de Guillaume d'Avançon, ardent ligueur, un des plus vertueux prélats de son temps, et emporter par surprise cette ville fortifiée qui était la clef des Alpes. Avec Embrun il était maître des montagnes, il donnait aux partisans de la réforme un abri sûr et une retraite à son armée en cas d'échec. A cet effet, il partit de Charges dans la nuit du 19 novembre 1585, il divisa ses troupes en plusieurs détachements et les fit arriver par des chemins détournés à la porte de la citadelle qu'il fit enfoncer de deux coups de pétard. A peine entrées, ses troupes furent saisies d'une terreur panique et commençaient à fuir, lorsque le capitaine Jacques, surnommé le Roure, les ramena au combat. L'attaque recommença avec fureur, et la garnison vaincue fut passée au fil de l'épée.

Lesdiguières, maître de la citadelle, attaqua la ville où les habitants s'étaient mis à couvert derrière quelques barricades. Ces faibles remparts furent bientôt emportés. Gessan et Descrottes, chefs des catholiques, se réfugièrent dans la tour Brune, après avoir mis le feu à la toiture de l'église pour empêcher aux protestants de s'y établir. Mais leur résistance fut inutile. Lesdiguières, maître partout, fit éteindre le feu et frappa la ville d'une contribution de dix mille écus. Cette contribution de guerre ne sauva pas la cathédrale. Les soldats et plusieurs des chefs même se jetèrent dans l'archevêché et dans l'église, quoiqu'elle brulât encore. La statue en argent de saint Marcellin échut à Jean-Baptiste Gentil qui fit l'ouverture de la fausse porte de la citadelle avec ses pétards ; cette statue pesait six mille écus. L'une des statues de Notre-Dame, enrichie de pierreries, tomba entre les mains de deux soldats qui la mutilèrent. Une tradition raconte qu'après s'en être emparés les soldats voulurent la briser à coups de marteau ; l'un d'eux la frappa avec violence sur la face et mourut aussitôt ; l'autre, qui n'approuvait pas cet acte de vandalisme, en fut quitte pour perdre le nez dans la première rencontre. On ne sait à qui est échue la seconde statue de la Vierge, laquelle pesait trente marcs et avait été fondue avec l'argenterie que Jean Girard, archevêque d'Embrun, avait léguée à l'église cathédrale, le 17 janvier 1457. Il existe encore une autre légende qui rapporte que Lesdiguières lui-même aurait tenté une sorte de sacrilège et de profanation en essayant de pénétrer à cheval dans la cathédrale en passant sous le portique qui abritait le *Réal;* là, par l'effet d'un miracle, le cheval aurait refusé par deux fois d'avancer et, en se cabrant, aurait perdu en même temps les fers de ses pieds de derrière. On les voit encore aujourd'hui cloués à la porte de l'église. On prétend à Embrun que le cheval de Lesdiguières pourrait bien avoir été une mule. Ces fers ressemblent, en effet, plutôt à ceux d'une mule qu'à ceux d'un cheval. Mais il faut remarquer que la mule était la monture habituelle dans ces pays montagneux, et que Lesdiguières a bien pu s'en servir. Le pillage fut donc complet; les vases sacrés, l'argenterie, les reliquaires, les ornements furent le butin de la soldatesque. On fondit les statues et on vendit les ornements, soit en Provence, soit en Piémont. Le duc de Savoie acheta quelques-unes des plus belles chapes, et les revendit plus tard à l'église d'Embrun, sur les instances de l'archevêque Guillaume d'Avançon. Les calvinistes mirent le feu au palais de l'archevêque et le réduisirent en cendres. Ils exercèrent sur les prêtres toute leur rage avec d'autant plus de fureur que Guillaume d'Avançon leur avait échappé : leurs maisons furent saccagées, et leurs têtes mises à prix; quand on eut tiré d'eux tout l'argent possible, ils furent chassés de la ville. On brûla tous les titres et les anciens documents de cette église pour anéantir les fondations des bénéfices et des chapelles. Le pèlerinage fut interrompu par la force des choses, car pendant quatorze ans la ville resta au pouvoir des calvinistes, et pendant ce temps l'église vénérée fut convertie en temple protestant. Une chaire dissidente fut élevée en face de celle où, pendant huit siècles, les apôtres de la foi enseignèrent l'orthodoxie et défendirent la religion romaine contre le schisme. Il est certain que, pendant cette longue occupation, le portique fut démoli et que la sainte image, livrée aux outrages du vainqueur, fut effacée et sa place recouverte d'une grossière maçonnerie ; sa destruction fut regardée comme un triomphe éclatant aux yeux de la Réforme, car elle était un des plus illustres monuments de la dévotion à Marie. Ainsi périt ce tableau miraculeux qui avait duré trois cents ans ; ainsi disparut cette sainte image devant laquelle, dans l'espace de moins d'un siècle, quatre rois de de France étaient venus s'agenouiller. On laissa toutefois à peu près intacte l'inscription circulaire explicative qui avait été peinte sur l'arc même du tympan, comme pour attester devant les siècles futurs son existence et sa destruction. Ce ne fut qu'en 1599 que l'église fut rendue au culte catholique. Lesdiguières en avait réparé la toiture incendiée par Gessan le jour de la prise de la ville, puis l'avait affectée au service du culte réformé. Guillaume d'Avançon faisait tous ses efforts pour qu'elle lui fût remise ; il l'avait vivement demandée à Henri IV, qui lui avait fait expédier des lettres patentes ordonnant la restitution. La volonté du souverain ne put recevoir une exécution immédiate ; Lesdiguières ne consentait à la céder que contre le remboursement des sommes qu'il avait avancées pour les réparations. Enfin le roi en ayant écrit lui-même au maréchal, celui-ci promit positivement à l'arche-

vêque de s'exécuter. Les choses traînèrent encore en longueur, et ce ne fut que le 8 juin 1599 que la remise en fut
opérée. Guillaume d'Avançon revint alors à Embrun, prit
possession de son siège et consacra de nouveau les autels de
son diocèse profanés par les calvinistes. Le rachat des
ornements sacerdotaux se fit avec le plus grand soin, le duc
de Savoie s'y prêta avec beaucoup de bonne volonté puisque
le chapitre lui laissa, en témoignage de sa reconnaissance,
l'ornement appelé le sacrifice d'Abraham, ainsi qu'on l'a vu
plus haut. Les reliquaires, les statues, les vases sacrés, toute
l'argenterie, en un mot, avait été anéantie à tout jamais ; mais
on retrouva une grande partie des étoffes ; et, après tous les
désastres de cette malheureuse église, on est surpris de
trouver encore aujourd'hui une quantité aussi considérable
d'ornements dont le tissu d'or et d'argent est du plus grand
prix. Le trésor de l'église d'Embrun forme à lui seul une collec-
tion sans doute unique de vêtements sacerdotaux, il n'a pas
moins de cent vingt chasubles, chapes et dalmatiques sans
compter les étoles, manipules, bannières, etc. Quant à l'argenterie, elle est bien déchue de sa splendeur passée ; cependant il existe un magnifique reliquaire de la vraie croix cons-
tellé de gros diamants de la plus belle eau et qui à lui seul
est un trésor.

Bien que la destruction du tableau miraculeux enlève tout
intérêt au récit de ce qui s'est passé depuis dans la cathédrale, cependant il convient de relater la visite que Louis XIII
fit à l'église d'Embrun en 1629. Le roi arriva le jour des
Cendres avec une nombreuse suite, après avoir défendu qu'on
fît des frais pour sa réception ; mais les Embrunois se piquèrent

d'émulation : on dressa des arcs de triomphe avec des peintures, des emblèmes et des devises ; il fut harangué par l'archevêque Guillaume d'Hugues, auquel il fit l'accueil le plus bienveillant, et encore par Jean Janel, prévôt, au nom du chapitre et par Leuzic, son procureur, au nom de la ville. On lui présenta, dans la cathédrale, le surplis et l'aumusse, qu'il reçut de fort bonne grâce et qu'il garda tout le temps que dura le *Te Deum*. Ce fut le dernier roi de France qui ait revêtu l'aumusse et le surplis dans l'église d'Embrun et aussi probablement le dernier que cette ville ait eu l'honneur de recevoir dans ses murs. Un souverain cependant devait encore venir, mais celui-là était un étranger qui entrait en vainqueur : Victor-Amédée, duc de Savoie, après s'être emparé du Briançonnais et de l'Embrunois en 1692, s'installa dans la ville archiépiscopale, la rançonna et emporta les belles cloches de sa malheureuse église.

La chapelle de Sainte-Anne doit être signalée aux pèlerins et touristes, ses autels sculptés sont une merveille de menuiserie du xvie siècle ; ils auraient été faits, dit-on, par les Pères capucins établis à Embrun. Les panneaux, sur lesquels ont été représentés quelques épisodes de la vie de saint François d'Assise, sont d'une exécution digne de remarque.

Voici ce que l'auteur a pu réunir sur ce pèlerinage qui, après avoir été l'un des plus célèbres du monde, est tombé aujourd'hui dans l'oubli ; mais, si les étrangers ont désappris la route de ce sanctuaire, il n'en est pas de même des Embrunois, dont la dévotion à Notre-Dame s'est maintenue aussi ferme et confiante que par le passé.

APPENDICE

Nous regrettons de ne pouvoir réunir ici tous les sanctuaires français que la Reine du Ciel a choisis elle-même pour en faire sa demeure, et qui resplendissent des merveilles de sa puissance et de sa bonté.

Nous n'avons rien dit de NOTRE-DAME DES ARDILLIERS, en Anjou, dont le nom est illustre par toute la France par le grand concours de peuple qu'attire une fontaine miraculeuse qui guérit les maladies. Cette image représente Notre-Dame de Pitié, tenant entre ses bras son Fils Jésus mort et dont un ange soutient la tête.

NOTRE-DAME DE BREBIÈRES, qui dans toute la Picardie est l'objet d'une profonde vénération et d'une vive reconnaissance. Les bergers surtout lui rendent un culte solennel ; car c'est un berger qui a découvert cette statue, et ses brebis la lui avaient indiquée en s'obstinant à paître constamment à la place où la Vierge était enfouie. De nombreux miracles s'y opérèrent et sont consignés dans les archives du diocèse. Le jour de la fête de la Nativité, la ville d'Albert est trop petite pour contenir la foule de pèlerins qui s'y pressent.

NOTRE-DAME DE VERDELAIS, dans la Gironde, sur le penchant d'un riant coteau au milieu d'un paysage enchanteur. Ce modeste sanctuaire date du XIIe siècle ; la Madone est de couleur noire ; elle est entourée d'*ex-voto* innombrables, parmi lesquels on remarque une foule de tableaux divers, où l'image de l'Océan se reflète, et où de frêles esquifs paraissent balancés par les vagues en furie, pour attester que, par la protection de Notre-Dame, ils ont échappé à un danger imminent. Lorsqu'on s'approche de ce sanctuaire éclairé d'un faible jour, on tombe comme involontairement à genoux, tant le cœur bat de douces et pieuses émotions !

Notre-Dame de Benoite-Vaux, ou Vallée-Bénie, dans le département de la Meuse, dont la statue a été découverte dans une épaisse forêt par de pauvres bûcherons qui la placèrent sur un tronc d'arbre qu'ils façonnèrent en un piédestal et lui dressèrent une tente rustique, décorée de fleurs des champs. Chaque fois que leur travail les ramenait en ce lieu, ils se faisaient un devoir d'y prier quelques instants. Ces braves gens prenaient ordinairement leur repas près d'une petite fontaine, non loin du modeste autel, après quoi ils employaient un moment à se délasser. C'est pendant ce repos qu'un jour ils entendirent une douce mélodie qui les tint dans le ravissement ; après avoir cherché de tous côtés, sans rien découvrir, ils furent convaincus que les anges chantaient eux mêmes la gloire de Marie. Les gens du village, instruits de cette merveille, pensèrent que la statue était miraculeuse ; tous voulurent la voir et lui rendre hommage. Les traits de la Vierge exprimaient une douceur ineffable ; elle soutenait d'une main son divin Enfant, et de l'autre elle tenait un fruit qu'elle semblait lui offrir. De grands prodiges récompensaient la foi des villageois et des pèlerins accourus de loin dans ce lieu, où l'image de Marie avait été saluée par des concerts angéliques.

Une chapelle fut dédiée à Notre-Dame ; les rois, les princes venaient lui rendre leurs hommages, les uns en actions de grâces de leur prospérité, les autres pour lui demander, sinon la victoire, du moins la résignation et l'espérance.

Notre-Dame de Bourbourg, entre Dunkerque et Saint-Omer, qui existait avant le xive siècle. La Vierge y est représentée étendue sur son lit de repos ; l'Enfant Jésus est debout au pied du lit, les yeux élevés au ciel, portant à la main une banderole avec l'inscription : *Gloria in excelsis Deo.*

En 1383, la ville fut livrée au pillage, des soldats profanèrent l'image sainte ; l'un d'eux monta sur l'autel pour s'emparer d'une pierre précieuse qui brillait sur la statue de la Vierge ; mais l'image se retournant avec violence, le soldat fut renversé et tomba sur le pavé, où il se brisa la tête ; un autre, qui vint ensuite, ayant également porté sur la statue une main sacrilège, les cloches sonnèrent d'elles-mêmes, appelant les fidèles à l'église, et le profanateur, pris d'épouvante, abandonna son dessein.

Cela se passait le 19 septembre 1383. La semaine suivante, un autre soldat, croyant que la statue était d'or, résolut de s'en emparer. Il ne tarda pas à reconnaître qu'elle n'était que de bois doré ; désappointé et furieux, il menace la sainte Vierge et la frappe d'un poignard ; de la blessure jaillit aussitôt un sang vermeil qui fut pieusement recueilli et que l'église de Bourbourg conserva comme une précieuse relique. Le profanateur mourut dans d'horribles convulsions. Le duc de Bretagne, Jean V, avait été témoin de cette profanation.

Ces miracles sont dûment constatés et rapportés depuis cinq cents ans par des historiens sérieux. Ils ont donné une grande célébrité à ce pèlerinage. Les princes et les seigneurs firent de riches présents à ce sanctuaire, qui permirent de poursuivre les constructions. Le poignard sacrilège se conserve encore dans l'église de Bourbourg, ainsi que la statue où l'on voit la trace de la blessure.

NOTRE-DAME DE CLÉRY, près d'Orléans. Ce sanctuaire fut ruiné par les Anglais l'an 1428 et réédifié par Louis XI, qui voulut y être enterré. Il tenait si fort à cette volonté que le pape Sixte IV, à sa prière, défendit sous peine d'excommunication de porter le corps de Louis dans un autre asile.

Cette église est devenue célèbre par les nombreuses guérisons miraculeuses qui s'y sont opérées. Chaque année, une foule de pieux fidèles et de malades y vont en pèlerinage, et

Marie s'y montre toujours une Reine miséricordieuse répandant à profusion ses grâces et ses faveurs.

NOTRE-DAME DE VILLE-THIOU, au diocèse de Blois, semble remonter au ixe siècle. Malgré la tourmente révolutionnaire, ce sanctuaire n'a pas cessé d'être visité par un grand nombre de pèlerins. Les *ex-voto* qui ornent la muraille redisent hautement les grâces extraordinaires obtenues par l'intercession de Celle qu'on nomme à juste titre le Salut des infirmes et la Consolatrice des affligés. Les dévots pèlerins, après avoir invoqué leur divine Protectrice, vont boire de l'eau à une fontaine située près de la chapelle ; et Notre-Dame, pour récompenser leur foi, incline vers eux son cœur compatissant ; elle guérit ceux qui souffrent et qui pleurent !

NOTRE-DAME DU CHÊNE, diocèse du Mans. En 1621, un prodige éclatant attira l'attention générale sur une madone placée dans le tronc d'un chêne antique. Un grand nombre de miracles ayant eu lieu, le maréchal de France Bois-Dauphin, propriétaire de la lande où elle se trouvait, y fit construire une belle chapelle pour la recevoir et une maison pour loger les pèlerins. La chapelle et la maison, bien conservées, sont encore dans la lande de Vion. Marie ne cesse d'y faire éclater sa puissance et d'y recevoir les hommages des habitants de plusieurs départements voisins.

Pendant la Révolution, des émissaires de la Convention, à Sablé, envoyèrent un couvreur et d'autres ouvriers pour détruire la pieuse chapelle. Le couvreur monte sur le toit ; mais à peine a-t-il commencé son œuvre sacrilège qu'il tombe à terre et se casse une jambe. « D'autres y monteront s'ils veulent ! s'écrie-t-il ; pour moi, je vois bien qu'on a raison de croire qu'il se passe ici des choses extraordinaires. » On reconnut en cela l'existence d'un acte de la puissance de Dieu, et la chapelle ne fut pas renversée. Un miracle, opéré récemment en faveur d'une personne de

Daon, près de Château-Gontier, contribua à augmenter la foi
dés habitants et motiva un grand pèlerinage qui eut lieu le
jour de la fête de saint Mathieu. L'histoire de ce miracle est
écrite sur une béquille suspendue dans le sanctuaire de Marie,
et la paroisse entière a certifié cette guérison miraculeuse.

NOTRE-DAME DES MIRACLES, dans la chapelle dite du Refuge,
à Tours. L'origine de cette madone remonte à la plus haute
antiquité; il suffit de la regarder pour en être convaincu.
Elle est en bois peint et représente Marie tenant l'Enfant
Jésus sur ses genoux. Elle est recouverte d'un riche manteau.

Cette antique statue tire son nom du grand nombre de
miracles qui se sont opérés dans son sanctuaire et qui ont
été consignés dans un acte authentique, portant résurrec-
tion de morts, guérisons d'aveugles, boiteux et autres maladies. Les *ex-voto* attestant ces miracles ont tous disparu
à l'époque de la Révolution, lors de la destruction du monastère de l'abbaye royale de Beaumont, dont la chapelle faisait
partie. Ce qui est indubitable, c'est que de nombreux miracles
consolèrent dans tous les temps et consolent encore aujour-
d'hui la foi des personnes pieuses. Non seulement elle est
une source de bénédictions pour la sainte maison qui lui
donne asile, mais il en découle d'abondantes consolations
sur tous les infortunés qui viennent la visiter dans leurs
peines et dans leurs maux.

Nous dépassons sans nous en apercevoir la limite prescrite
de notre ouvrage, tellement nous trouvons de douceur à
reproduire ici tous les lieux sanctifiés par la présence de
notre divine Mère. Il nous semble que chaque pèlerinage est
une fleur de plus ajoutée à notre bouquet mystique, dont
Marie est le suave parfum.

Puisse-t-elle l'avoir pour agréable et laisser dans l'âme
des pieux lecteurs un doux souvenir de ses bienfaits et une
confiance sans bornes en sa puissante protection.

TABLE DES MATIÈRES

Tours, imp. Deslis Frères, rue Gambetta, 6

www.ingramcontent.com/pod-product-compliance
Ingram Content Group UK Ltd.
Pitfield, Milton Keynes, MK11 3LW, UK
UKHW022333090726
13658UKWH00001B/242